DOMINIQUE LAMARI

Le tri dans l'héritage familial et la colline aux aïeux

PNL en Systémie

Éditions DÉDICACES

Remerciements

Tout d'abord à mon mari, qui, de façon inconditionnelle, m'a soutenue dans mes recherches, expérimentations et envies, quelles que soient les heures du jour ou de la nuit, avec bonne humeur et amour comme à son habitude.

Ensuite à tous ceux, famille, amis et collègues, qui m'ont encouragée dans ce projet d'écriture, écoutant et participant par leur réflexion aussi à l'élaboration de ce livre, ainsi qu'à sa relecture. Et si je les ai parfois importunés (joyeusement), avec mes obsessions à vouloir comprendre tous les phénomènes rencontrés, je les prie de m'en excuser à nouveau avec toute mon affection pour eux, et un clin d'œil en prime…

Ils se reconnaîtront : Audrey et Mickaël, Brice, Héloïse, puis Edith, Catherine, Catherine et Alain, Nicole, Dominique et Francis, Philippe, Anne-Marie et François, Sylvie, Nadine, Betty, Odile, pour la France, et ma Geneviève tuniso-belge pour la Tunisie, et mes Céline et Jean-Jacques québécois, et Edith en Allemagne, et Gianella à Maurice, à Sylvie pour le mot de la fin, ainsi que quelques autres, merci bien sûr à Alain pour son aide à finaliser, et au professeur Kacha en Algérie, qui m'a fait l'honneur et l'amitié de la préface, ainsi que par là-bas Salim, Fouad, Mourad, Amine et mes amis de l'association de Béjaïa.

Et à part égale merci à vous tous, personnes extraordinaires que j'ai eu le bonheur professionnel de croiser dans mon cabinet, dont j'ai eu l'honneur de la confiance, et sans qui ce travail n'aurait jamais vu le jour.

Dominique Lamari

Lettre à mes maîtres

Chers Danièle, André, Annick, et Michel,

Dire que j'ai beaucoup pensé à vous en écrivant ce qui suit est un euphémisme. En fait, pas plus que ces vingt dernières années.

C'est-à-dire plus ou moins tout le temps en filigrane... C'est qu'on n'échappe pas comme ça à ses références, surtout quand elles sont aussi puissantes.

J'ai trempé dans vos marmites professionnelles avec délice, y trouvant à chaque fois une profonde humanité, ainsi que beaucoup de respect, de confiance et d'encouragement à développer mes propres réflexions et stratégies d'interventions. Les influences de la sophrologie, des thérapies familiales et de la systémie, de la gestalt, de la PNL, puis de l'hypnose, ont abouti pour moi à ce modèle que je développe avec tant de plaisir aujourd'hui.

En fait ça me démangeait depuis longtemps de mettre noir sur blanc le comment j'utilisais principalement la PNL avec les bases en systémie et tous leurs outils de manière complémentaire. Je crois qu'au départ cela correspondait surtout à une envie de clarifier ma pratique pour moi, de m'obliger à y réfléchir autrement.

Puis le temps passant, j'avais envie de partager, besoin de retour aussi sur mon travail, même si les résultats étaient là, mais aussi quand nos clients ont fait du bon travail ils ont souvent cette fâcheuse manie de vouloir nous en offrir les lauriers. Je n'étais pas dupe et voulais comprendre pourquoi et comment ça marchait. Michel m'a aidée à y réfléchir et à modéliser au départ. Merci à lui, j'ai mieux compris ce que je faisais à l'époque.

Puis, un jour, les pages ont pris forme. Je me suis laissée entraîner avec plaisir. Ce que je souhaite aujourd'hui, c'est juste pouvoir dire combien c'est passionnant de mêler ces outils et ces philosophies. En donner des exemples bien sûr. Et écrire autant sur les techniques que sur le plaisir... J'aimerais que quels que soient les professionnels qui le lisent, ils s'y retrouvent ou que ça fasse envie. C'est prétentieux ? Encore plus si je dis que j'aimerais aussi que des non-professionnels y prennent du plaisir et aient de quoi réfléchir autrement que comme d'habitude...

Bon, là, j'exagère franchement mais tant pis... J'assume !

Voilà pour l'essentiel. La suite sera dans votre appréciation. Je souhaite que vous preniez aussi, vous qui lisez ces lignes, autant de plaisir au fur et à mesure de ces pages que moi à les écrire.

Finir par un merci serait banal et je vous l'ai déjà dit, alors je me contente aujourd'hui de vous saluer de ma plus belle révérence avec toute l'affection que j'ai pour chacun de vous...

Préface

Au moment où les rivalités entre les différentes écoles de psychologie et de psychothérapie s'amplifient et débordent sur la place publique, chaque théorie s'estimant légitime, en position de certitudes infaillibles et définitives, Dominique Lamari, elle, développe avec sérénité une pratique faisant appel à une variété de techniques issues de différentes écoles.

Cet éclectisme technique lui a permis d'utiliser des méthodes d'accompagnement psychologique, choisies sur la base de l'efficacité démontrée de chacune d'entre elles.

Ainsi, elle utilise au cours de ses groupes tour à tour la dynamique de groupe, la systémique, l'hypnose, la gestalt, la thérapie familiale et la Programmation Neuro-Linguistique (PNL).

Cela peut paraître a priori troublant. En effet, comment aider au développement et à la croissance psychologique d'un groupe de personnes en faisant appel à des concepts issus d'orientations techniques divergentes ?

L'éclectisme technique est une attitude habituelle des psycho-thérapeutes. Ces praticiens confrontés au cours de leur expérience à la singularité des personnes, à la variabilité des demandes et des cadres d'intervention, sont parfois contraints de recomposer des méthodes d'intervention suggérées par différentes écoles de psychologie.

Pour donner une cohérence à leur pratique, il faut alors qu'ils entreprennent une synthèse des attitudes techniques utilisées en fonction des buts à atteindre.

C'est pourquoi Dominique Lamari, avec finesse et persévérance, dans différents pays, travaille à asseoir tout au long de sa pratique, une conceptualisation capable d'assurer une cohérence, une intégration théorique, seule issue pour donner un sens aux diverses attitudes et techniques qu'elle utilise. Ainsi son éclectisme se complète d'une recherche intégrative complémentaire et d'une métathéorie :

- Elle reste essentiellement attentive aux processus se déroulant dans l'ici et maintenant.
- Elle pense que les processus qui nous gouvernent et qui déterminent notre relation à l'environnement sont de nature systémique.
- Elle est convaincue que chacun de nous, possède en lui, grâce à son histoire et à sa préhistoire, les ressources nécessaires pour atteindre ses buts.
- Le groupe est pour elle un espace indispensable pour diminuer les défenses et réduire la résistance au changement ; le changement occupant une place centrale dans la croissance humaine.

Le groupe va ainsi articuler et organiser des espaces psychiques variés individuels et communs. Dans cet espace se transforment et se forment des éléments psychiques ou chacun des membres du groupe va puiser ce dont il a besoin pour son développement et son évolution.

Enfin Dominique Lamari va utiliser au cours de chaque accompagnement les facteurs communs à toute psychothérapie que la plupart des auteurs regroupent en trois rubriques :

- La première intéresse les affects et concerne le « soutien ».
- La deuxième fait appel à la cognition et va permettre la prise de conscience et l'apprentissage.
- La troisième enfin va intéresser le comportement et va permettre l'action pour réaliser le changement.

Chacun des participants se retrouvant face à un choix lui permettant de réécrire son scénario de vie.

Certes une brève préface n'est pas le lieu propice pour exploiter et développer les différents aspects qui permettent l'intégration des pratiques utilisées par l'auteur en analysant toutes les contributions particulières à chaque approche, mais je suis convaincu qu'il y a là de multiples développements intéressants à prolonger dans un autre contexte.

Cet ouvrage est écrit dans un style clair et accessible à chacun, il n'a pas été destiné exclusivement aux soignants. Il intéresse tous ceux qui sont curieux de l'aventure humaine, ceux qui croient à la croissance et au développement psychologique tout le long de la vie et il s'adresse également à ceux qui sont en panne de projet de vie.

Tous remarqueront l'enthousiasme, le plaisir et la complicité que Dominique Lamari a laissé transparaître tout au long de ses témoignages.

Les soignants y trouveront, en plus, les arguments pour renforcer l'idée que la compréhension globale de l'être humain nécessite certainement plus qu'une théorie et plus qu'un principe, en vertu des différents aspects de l'être humain, mais aussi, par respect pour la complexité infinie du fonctionnement de son esprit.

Merci Dominique de continuer d'avoir du Plaisir à nous en donner.

Professeur F. KACHA, psychiatre
Chef de service[1]

---

[1] *Président de la société algérienne de psychiatrie; Professeur invité au centre psychosocial universitaire de Genève; Président du comité pédagogique national de psychiatrie; Prix magrébin de médecine république 87; Expert clinicien au ministère de la Santé et expert auprès des tribunaux.*

1

Introduction

« Il était une fois… »

C'était vraiment important pour moi de vous présenter mes travaux sous la forme d'un presque roman. « Il était une fois », c'est le début d'une histoire, d'une aventure, et cela correspond bien à l'esprit dans lequel ce modèle est né. Une histoire, une aventure humaine dans la réflexion, la recherche, l'action, les réactions. Il était une fois la systémie, la PNL, l'hypnose ériksonienne et quelques autres approches dont la cohérence et la rencontre sont fort séduisantes et efficaces, quelle que soit la culture, la partie du monde où on les met en acte.

En tout premier, « il était une fois » la systémie, née du côté de l'école de Palo Alto, aux Etats-Unis. De nombreux chercheurs, à partir de la théorie générale des systèmes, se penchèrent sur ses applications en psychothérapie, entre autres. Un système est un ensemble régi par ses propres lois et croyances. Il a son histoire personnelle et réagit à chaque mouvement de l'un de ses membres. Il s'adapte ou résiste, est en perpétuelle évolution dans son contexte. Or chacun de nous appartient à plusieurs systèmes : social, professionnel, politique, etc. mais avant tout familial. C'est à cette étude que je me suis consacrée au départ.

Puis « il était une fois » la PNL. *Programmation*, parce que tous, par notre culture, notre famille, nos expériences, nous recevons et nous créons des « programmes », c'est-à-dire des stratégies qui nous permettent de comprendre, à notre façon, le monde dans lequel nous vivons et d'y agir. **Neuro**, parce que c'est par le neurologique que tout cela s'exprime, déterminant ainsi l'ensemble de nos réactions. **Linguistique**, parce que c'est par le langage que cela se traduit : langage verbal mais aussi langage du corps au sens le plus large. La PNL s'intéresse plus à l'individu, au départ, qu'au système. Mais d'une façon si respectueuse et complémentaire à la systémie que le mariage fut vite consommé dans la pratique ! La PNL est née d'une approche très pragmatique de la modélisation des compétences de l'homme, tant dans le domaine de la communication que dans celui du champ thérapeutique pour obtenir les changements nécessaires à ses objectifs. L'observation des plus grands experts de ces domaines a permis d'élaborer dès le départ quantité d'outils extrêmement performants. La PNL se concentre sur ce qui permet à l'individu de sortir de ses problèmes plus que sur la cause de ces problèmes. Elle étudie entre autre les croyances, les valeurs, les comportements, agit sur les émotions et les modes de pensée. Elle est également adaptable à toutes les cultures.

Enfin, « il était une fois » l'hypnose ériksonienne. Souple, respectant parfaitement l'écologie de la personne, cette méthode utilise, non pas des suggestions comme dans l'hypnose traditionnelle, mais des métaphores permettant d'avoir accès aux ressources de l'inconscient, dans un état de conscience modifié, entre veille et sommeil. C'est aussi une façon de s'exprimer, de communiquer avec une éthique importante. La personne est détentrice des ressources nécessaires à la résolution de son problème, le thérapeute l'accompagne en douceur pour aller puiser dans son trésor personnel...

« Il était une fois » aussi parce que j'ai choisi délibérément de garder, dans l'expression, le ton « humain » de mes interventions. Il est très important pour moi de vous faire participer à l'aventure de ces personnes au cours des pages qui vont suivre. Et si parfois mon discours devient plus technique et professionnellement précis, je me suis efforcée de vous présenter ce travail tel qu'il est dans la réalité : un accompagnement avec des mots de tous les jours, de part et d'autre, beaucoup d'énergie partagée, et de vraies relations. Un des mes soucis a aussi été dès le départ de vous faire « vivre » l'histoire d'un stage.

J'en ai choisi, bien sûr, un des cadres les plus enchanteurs, tant qu'à faire, et page après page j'espère que les histoires en seront de plus en plus palpitantes. En tout cas, au fil de celles-ci, un approfondissement des techniques et les explications quant aux évolutions de chacun ont été crescendo dans mon esprit, et j'espère l'avoir bien couché sur le papier.

Alors, « il était une fois », c'est maintenant votre découverte, et je l'espère intense, joyeuse, et passionnée… comme ce travail !

2

Aventures mauriciennes, et quelques autres

Il était une fois une île superbe, dont la légende dit qu'elle est née d'une étoile tombée dans l'océan, ce qui expliquerait sa douceur de vivre et sa beauté. Maurice.

Il était une fois une dizaine de plus ou moins Français décidés d'y vivre une expérience hors du commun, une expérience hors du temps remaniant leurs émotions, leurs comportements les plus gênants, leurs perceptions douloureuses des faits principaux de leur vie.

Dix personnes qui pour la plupart ne se connaissaient pas avant de se rencontrer à l'aéroport quelques heures auparavant, et qui allaient pourtant partager de l'intime jusqu'au plus loin de leurs familles pendant quelques jours. Dix personnes, et moi.

Avant de profiter de vacances bien méritées…

Nul ne savait ce qui allait exactement se passer pendant ces quelques jours. Surtout pas moi. Je connaissais bien sûr la trame que j'allais utiliser, mais le contenu serait découvert au fur et à mesure du travail. L'intérêt du déplacement en pays étranger était dans l'acceptation de la perte de ses repères en se confrontant à des lieux et cultures fondamentalement différents des siens. Cela pouvait bien être dans mille autres endroits du monde. Mais cette fois-ci, c'était Maurice…

L'aventure avait commencé il y a une vingtaine d'années. J'étais à l'époque systémicienne, et je commençais à animer des groupes de thérapie, utilisant principalement les méthodes de sculptures familiales, avec des évolutions en jeux de rôles et des recadrages, ce qui me passionnaient tout à fait. A cela s'ajoutaient des influences de gestalt et de sophrologie. La PNL est venue plus tard, complétant avec bonheur ce travail si particulier. Puis l'hypnose.

Et sur cette île de rêve, tous les participants savaient au moins cela : à quelle sauce ils allaient se manger et se digérer eux-mêmes, avec mon aide, celle de leurs aïeux, et ces techniques-là…

Il y avait la douce et drôle Hélène, célibataire de presque quarante ans, ayant vécu quelques dépressions sévères ces dernières années sans en comprendre le sens, ayant mis toutes ses économies et ses espoirs dans ce double voyage, sur cette île et en elle-même.

Il y avait Stéphane et Alexandra, jeune couple souhaitant se marier bientôt et désireux de ne pas répéter les douleurs de leurs familles respectives dans celle qu'ils allaient créer, et de dépasser quelques comportements parlant d'une souffrance en suspend qui les effrayait parfois mutuellement.

Il y avait Salim, qui n'arrivait jamais à prendre de décision pour lui et passait son temps à se dévouer à sa famille à plus de quarante ans, torturé entre ses besoins de construire pour lui et s'occuper d'eux.

Il y avait Michel, survivant remarquable d'une famille en grande détresse sociale, ayant construit famille et travail avec brio, mais toujours aussi mal dans sa peau, malgré une belle intelligence, une belle sensibilité et ayant déjà fait beaucoup de travail avec divers thérapeutes avant de décider de tenter cette expérience à l'autre bout du monde.

Il y avait Noëlly, qui se battait avec une surcharge pondérale depuis si longtemps.

Et Patrick, qui ne se sentait jamais à sa place nulle part et surtout pas chez lui.

Et Monika, toujours en difficulté professionnelle et naviguant de place en place.

Et Joëlle, responsable respectée dans son travail et si petite fille à la maison, capable de grosses colères qui la terrorisaient régulièrement.

Et enfin Alain et Michelle, parents perpétuellement inquiets de ce qu'ils pouvaient transmettre, conscients de leur héritage pas facile à gérer et des liens qu'ils commençaient à voir avec les comportements de leurs enfants.

Anuradha et Liseby allaient nous rejoindre le lendemain...

L'avion avait atterri, les bagages ouverts dans les appartements, le lagon abordé avec sa douceur et ses petits poissons, le soleil a effleuré les peaux blanches de notre hiver européen, on va passer aux choses sérieuses. Dès demain.

3

Premier jour

Métaphores, merveilleuses ressources

L'aurore s'est levée flamboyante sur le lagon. Un pêcheur, au chapeau de paille à larges bords, découpait sa silhouette en ombre chinoise et faisait filer sa frêle embarcation au rythme de sa longue perche. Un poisson rond et plat, multicolore et grand comme une assiette, m'a accompagnée juste au bord des vaguelettes dans lesquelles j'avance dans la douceur de ce matin-là. Quelques sarees et accents créoles plus tard, j'arrive dans l'hôtel où nous travaillons.Et nous nous retrouvons tous dans cette grande salle, laissant le lagon clapoter de toutes ces merveilles de l'autre côté de la large baie vitrée qui nous en sépare.

On est tous là. Tout le monde se regarde. Il y a un silence tout à coup presque palpable. Cela ne dure pas. Mais c'est comme si on pouvait sentir que chacun est prêt pour l'aventure. Les regards ont changé. Hier, c'était dans la découverte superficielle des uns et des autres, dans la joyeuseté et l'excitation. Mais là, à présent, c'est dans un quelque chose de bien différent. Une inquiétude peut-être. Une espèce de gêne aussi. C'est que dans quelques instants le travail va commencer. Et chacun ayant une petite idée de ce qui pourrait vaguement se passer, enfin le croyant, les projections vont bon train. On pourrait presque lire les pensées, si on se laissait aller, et entendre battre certains cœurs...

Voilà, les règles du groupe ont été parlées, le déroulement de ces quelques jours ré expliqué, les questions ont eu des ébauches de réponses, le lagon est momentanément oublié. On peut commencer.

Hélène est crispée, le regard agrandi, elle observe constamment tous ceux qui l'entourent. Alexandra et Stéphane se tiennent par la main depuis déjà une bonne demi-heure, Salim regarde ses chaussures, Michel regarde les chaussures de Salim, Noëlly sourit en regardant par la fenêtre, Patrick regarde Michel qui regarde toujours les chaussures de Salim, Monika opine de la tête à chacune de mes phrases avec un air très attentif, Joëlle semble déjà perdue avec une moue qui pourrait en dire long si on la questionnait, Michelle et Alain sourient comme s'ils étaient très très décontractés. Nous ont rejoints deux Mauriciennes, Liseby, professionnelle de la communication en entre-prise, et Anuradha, psychiatre réputée venue « tester » mon modèle. Anuradha et Liseby sont assises côte à côte et ont tendance à discuter entre elles à voix basse.

« Nous allons donc élaborer dans un premier temps des représentations métaphoriques personnelles », dis-je. « La conception est simple. Il s'agit de mettre en image ce que vous sentez de la problématique qui vous a amenés ici. C'est quelque chose que chacun sait faire, qu'il en soit conscient ou pas, dans le quotidien. La différence est que l'on va le faire exprès et apprendre à s'en servir, dans les jours qui viennent et dès maintenant, d'une façon très particulière. Faire exprès de se faire du bien dans l'avenir avec ce qu'on utilise souvent sans en comprendre forcément toute la richesse. »

La métaphore va s'élaborer ainsi :

«Avec ce que vous ressentez en contactant ce que vous vivez et qui vous pose problème, laissez venir maintenant une image qui peut représenter cela.»

On a tous une image de soi qui apparaît, parfois spontanément, pendant de simples discussions ou réflexions du quotidien. De ces moments où l'on se dit, où l'on dit aux autres, « c'est comme si j'étais... », remplissant ces trois petits points par un résumé en image, vivant, de notre état, de nos sensations, de notre représentation de nous-mêmes dans ce monde ou ce système qui nous entoure. Bien des gens pensent que leur créativité est réduite au minimum, que c'est une capacité développée surtout chez les artistes, les écrivains, etc. C'est faux.

La créativité fait partie de pratiquement chaque instant de notre vie et être dans la croyance inverse est un obstacle à l'utilisation de nombreuses ressources. Dès qu'on pense, on crée. A tout instant on la sollicite : Savoir où j'ai rangé ce papier. L'aurais-je mis dans le premier tiroir ou le second ? Voyons, dans le premier ce ne serait pas logique et je ne l'imagine pas, donc c'est plutôt dans le second qui contient le même type de papier. Mince, je suis en retard, quelle tête va faire mon collègue en m'attendant, je le vois d'ici. Et je vois d'ici les conséquences s'il est de mauvaise humeur, s'il conduit vite pour aller à ce rendez-vous. Etc.

Combien d'images mentales venez-vous de vous construire en lisant les lignes précédentes ? Combien d'expériences de ce genre avez-vous vécues dans les dernières quarante-huit heures ?

Alors que peut-on faire de tout cela lorsque l'on a construit sa métaphore personnelle ? Secouer peu à peu dans les jours à venir ces images souvent issues d'expériences et d'héritages poussiéreux. Sélectionner, avec le regard des autres et la transformation de sa perception, en toute conscience et dans le bonheur de commencer de vrais choix, ce qui en vaut la peine dans ces coups de folies, espoirs et désespoirs, grands bonheurs et petites vérités (à moins que ce ne soit l'inverse...) qui transparaissent à travers ces représentations. Mais cela ne se fera que grâce à l'expérience qui va suivre et je ne suis pas en train de dire qu'il suffit d'y penser et d'entendre de jolies phrases pour changer sa vie. Juste un peu déséquilibrer l'ensemble, pour commencer.

Bizarreries que ces images-là. Elles surgissent souvent sans commande au quotidien. Et l'on peut s'en servir. Elles sont parfois obsédantes, révélatrices, destructrices ou constructives. Mais dans tous les cas, on peut les faire évoluer, les utiliser pour avancer dans notre vie. Cela se fait quelquefois spontanément, quelquefois avec le temps. Par exemple, telle personne peut dire qu'à vingt ans elle se sentait « comme un oiseau sur la branche », et qu'aujourd'hui seulement elle commence « à prendre son envol ».

Qui sommes-nous donc à travers nos images ? Quelles sont ces représentations de nous à travers ce que l'on tricote, détricote, retricote tout au long de notre vie, croyant souvent ainsi nous constituer une image unique, dans le meilleur cas. Et si tout cela était plus qu'une illusion magistrale, une tentative de rêve, puis de projet, de réalité ?

Ces images contiennent généralement une très grande quantité de ressources. Mais souvent nous ne savons pas et ne cherchons pas à nous en servir. Nous en faisons tous l'expérience de façon spontanée et plus ou moins conscient. Qui ne s'est jamais retrouvé à rêver d'une image qui s'est imposée ? A rêver les yeux ouverts, dans un état plus ou moins hypnotique, apportant spontané-ment des modifications, des commentaires, des évolutions en fonction de son imagination, de la projection de ses désirs ou besoins, vérifiant au fur et à mesure le changement des ressentis. Qu'est cela, sinon un travail spontané de constat puis de recherche de ressources à travers son imaginaire, sa créativité et son inconscient ?

En hypnose, on construit des métaphores pour aider les changements chez une personne. C'est un outil magnifique et remarquablement efficace lorsqu'on s'en sert bien, et l'on vérifie à quel point les sous-modalités, le langage non spécifique et l'absence d'interprétation sont importants. Là, on utilise les métaphores et le phénomène à l'inverse. Plutôt que de construire en fonction d'une structure particulière et avec des détails savamment élaborés avec soin pour un individu, on laisse celui-ci représenter son ressenti spontané-ment par une image, et on fait évoluer cette représentation par la suite, d'abord doucement, puis par un travail plus approfondi au cours des sculptures, que l'on associera à l'image, et au cours du travail de la colline aux aïeux bien évidemment, où elle sera tout à fait primordiale. Ainsi quelle que soit l'étape, la métaphore sera toujours présente, toujours active et activée, toujours en évolution consciente ou inconsciente.

Dans le vaste réservoir de notre inconscient, existent à peu près toutes les ressources dont nous avons besoin, quelles que soient les expériences auxquelles nous nous confrontons. Ces ressources sont quelquefois tellement intégrées aux expériences elles-mêmes qu'on peut avoir du mal à les en dissocier, et donc parfois tout simplement à les repérer. Comment alors savoir qu'elles existent en nous ? On les sent parfois confusément, mais notre esprit est ainsi fait, et notre culture le renforce, que ce n'est pas parce qu'on sent qu'on sait… Et pourtant ! Peut-être qu'on sait effectivement, mais comme on ne sait pas qu'on sait ni comment on sait, et ce que l'on sait vraiment précisé-ment, alors on croit savoir qu'on ne sait pas. Facile, non ?

Cela, c'est quand la croyance négative a pris le dessus, bien évidemment. Mais quelques intuitifs et autres ont bien perçu qu'il existait une autre approche de nos ressources et qu'on doit bien avoir, au fond de soi, dans le réservoir, des outils fort utiles à ceux qui savent aller les dénicher. Comme par hasard, lorsqu'on laisse nos « rêveries » s'exprimer dans les moments où l'on est un peu en panne de ressources, il se passe des choses fort intéressantes. Mais déguisées. A ceux qui accueillent ces rêveries spontanément et savent en cueillir les fleurs du bien sans se poser de questions, la vie peut parfois sourire de façon fort indécente. Mais pour la catégorie de ceux qui n'ont pas le mode d'emploi : c'est d'une injustice terrible.

Il y aurait donc des personnes qui auraient accès à leurs ressources sans conscience ni effort, récoltant ainsi les fruits de l'existence parce qu'ils se laissent porter par leurs métaphores plus facilement que d'autres, comme une espèce de don. Et il y a ceux qui doivent apprendre. Pire, il y a ceux qui ne voudront jamais apprendre parce que, par exemple, ça n'est pas rationnel. Et c'est vrai, ça n'est pas totalement rationnel. Et cela vaut la peine de s'interroger sur le comment ça marche pour ceux chez qui ça marche.

Je me rappelle ce monsieur qui n'arrivait pas à élaborer un projet de travail et se torturait depuis plusieurs jours devant son ordinateur dont l'écran restait désespérément blanc ou maculé de phrases presque sans queue ni tête, et qui, épuisé, se laissa rêver toute une journée autour d'un tableau. C'était un jardinier désemparé devant un parc magnifique mais envahi de mauvaises herbes. Il voyait ce jardinier, là, avec son chapeau, ses bottes et ses outils, prêt à travailler mais ne sachant par où commencer. Il voyait son air désespéré, ses bras ballants, ses épaules tombantes. Il voyait l'immensité de la tâche autour de lui, il envisageait les jours de travail comme quelque chose d'épuisant, de terriblement laborieux, sans fin et sans joie. Juste un boulot terrifiant, de la fatigue, un recommencement interminable. Il voyait les jours de pluie se profiler, le soleil écrasant, la terre gelée ou collante ou trop dure et sèche. Il voyait une vie de peines et le jardinier passant son temps à penser à cela au lieu de se mettre au travail juste pour élaborer un plan d'action, et ces pensées l'envahissaient tellement qu'il en restait sans force. Il voyait ce jardinier tourner sans fin dans ce jardin où les herbes folles poussaient de plus en plus belle, où les arbres non taillés prenaient de l'ampleur, où les fleurs se multipliaient sans soins et redevenaient sauvages, ou mouraient peu à peu. Il voyait ce jardinier vieillir immobile, comme ça, sur place, tandis que le jardin l'envahissait, l'étouffait peu à peu. Il voyait même la mort se profiler, sans que le jardinier ne réussisse à bouger. Il se sentait de plus en plus mal à l'évocation de ce tableau.

Et, fort heureusement, cela se remarqua de l'extérieur.

Ce fut sa chance, car un ami passa lui rendre visite. Cet ami s'aperçut tout de suite de son état et le questionna. Il lui décrivit son désarroi devant le travail à effectuer sur son ordinateur, puis le tableau qui l'obsédait depuis plusieurs heures. L'avantage de cet ami était qu'il ne développait pas du tout le même état interne. Lui, sa préoccupation était bien ailleurs : il rêvait depuis des mois de s'acheter une maison avec un jardin et sa rage montait de ne pas réaliser son projet parce qu'il ne trouvait pas la maison de ses rêves.

« Il a de la chance, ton bonhomme, d'avoir au moins un jardin, lui dit-il. Un parc, en plus, de quoi se plaint-il ? Que la mariée est trop belle ? Posséder un tel trésor et ne pas s'en servir est une vraie insulte à ceux qui n'ont rien et rêvent de beaucoup moins. Des arbres, de l'oxygène, des couleurs, les odeurs de la terre après la pluie ou les parfums des arbres et des fleurs, les bruits des oiseaux selon la saison, des insectes et des petits mammifères, des battements de son propre cœur sous les efforts de la terre retournée, la vie dans toute sa profusion, l'accord avec les mouvements de la nature, les sensations de fraîcheur, de chaleur, du vent, l'immensité du ciel, l'infini, voilà tout ce qu'il a, ton bonhomme ». Puis, sur cette belle envolée, l'ami prit congé, un peu pressé tout de même…

Notre homme resta un moment abasourdi. Sa première réaction avait été de trouver son ami indélicat et quelque peu naïf, puis il s'était senti tout bizarre. Que venait-il d'entendre *de lui* ? Comment n'avait-il pas vu ces richesses là *en lui* ? Alors ce serait si simple, se laisser porter par ce qui est autour de soi pour accomplir une tâche ? Cela l'avait plongé dans un état de perplexité qui le troublait. *Quelque chose de sa raison* lui donnait envie de nier tout ça, mais *quelque chose au-delà de sa raison* était tout à coup devenu joyeux et plein d'énergie. Une partie de lui continuait bien de critiquer et d'entretenir la morosité, mais une autre partie, que la première condamnait pourtant encore en la traitant de naïve, de crédule et d'un peu bête, il faut bien l'avouer, grandissait avec une espèce de joie qu'il n'avait pas ressentie depuis fort longtemps. Bien sûr, c'était encore fragile, mais une frénésie le saisit tout à coup…

C'est l'ordinateur qui n'en revint pas. Créativité et énergie se conjuguèrent et les pages commencèrent à se remplir. Les ressources, au-delà du champ de conscience, avaient été recontactées, sans que notre homme eût besoin de passer par le savoir et la compréhension.

Qui n'a jamais testé ce type d'expérience ? Quels qu'en soient l'intensité et les résultats, cette gymnastique existe en chacun de nous. Nous l'entretenons plus ou moins en fonction de notre personnalité, de nos croyances, de nos apprentissages à la rêverie ou de nos interdits personnels ou éducatifs. Mais elles existent. C'est une capacité que nous possédons tous et nous avons le choix de l'utiliser ou pas, de la développer ou pas. Si l'on observe ce qui s'est passé, ce monsieur s'est effectivement laissé porter par une métaphore (il fait partie de ceux qui seraient doués pour ça ?). Puis il s'est laissé rêver aux détails, à un maximum de détails. Des détails de toutes sortes ont été évoqués ; visuels, olfactifs, auditifs, kinesthésiques, temporels… Puis il y a eu une intervention extérieure. Cette intervention a joué un rôle capital, elle a été le déclencheur, puisqu'elle a extirpé de la métaphore les ressources qui étaient imperceptibles aux yeux de l'auteur de la métaphore. C'est cette gymnastique qui change l'expérience. Au début ce charmant monsieur avait devant lui un tableau où les informations étaient trop nombreuses pour que les ressources recherchées surgissent d'elles-mêmes dans le cas présent. Ou alors il aurait fallu plus de temps pour les trouver seul. L'intervention de son ami de passage avait été décisive. Celui-ci était justement en recherche personnelle de cette situation, et ciblait parfaitement tous les avantages de ce tableau : il avait probablement rêvé de son côté à tout cela. Les ressources ont été exprimées vite, fort. Elles étaient justes aux yeux du monsieur et suffisamment puissantes pour déclencher un processus de capitalisation et d'exploitation de capacités invisibles jusqu'alors.

Trop simple ? Peut-être, pour notre intelligence carté-sienne. Pourtant ça marche.

Mais revenons au groupe et au travail de confrontation des métaphores. Pour l'instant, dans le processus, nous en sommes à l'étape suivante :

PROCESSUS
Métaphore
• Représentation subjective des affects et comportements d'un sujet dans un contexte donné.
• La métaphore contient toutes les ressources et limites du sujet.

Maintenant chacun a élaboré sa métaphore et la redonne au groupe.

En très peu de temps, ce groupe se montre particulière-ment porteur et Hélène, en particulier, s'y sent en sécurité. Des liens de confiance agréables s'y développent et le travail peut commencer tranquillement.

« Je suis un oiseau en cage dont la porte est ouverte, qui n'ose pas sortir. La cage est au pied d'une montagne impressionnante, alourdie par le brouillard, recouverte de buissons épineux, de contours en friche et il est impossible de voir le soleil », dit-elle.

Le travail s'amorce. L'image est ensuite détaillée avec un maximum de détails, en prenant bien soin que la personne la décrive d'abord de l'extérieur, comme si elle regardait l'image sur un écran, par exemple , puis dans un deuxième temps en devenant l'image elle-même et en s'imprégnant de tout ce qui peut en être important.

Etre observateur d'abord permet bien sûr une dissociation émotionnelle dans l'approche du problème, ce qui est utile à l'intervenant autant qu'à la personne. L'association permet ensuite de calibrer[2] l'intensité émotionnelle de façon différente de celle ressentie quand la personne est dissociée[3], afin de vérifier, entre autres, s'il y a par exemple besoin, pour la suite du travail,

---

[2] Repérer le non-verbal.

[3] Etre mentalement observateur de l'action présente avec une distance émotionnelle.

de préciser certains points, de vérifier des compétences et des ressources préalables.

Lorsque la personne est extérieure à l'image, non seule-ment cela distancie les émotions éventuellement limitantes, mais aussi cela permet, avec la colline aux aïeux par la suite, de travailler la métaphore comme un objet extérieur représentatif de l'héritage familial, et éventuellement du dysfonctionnement du système, partie intégrante de ce système encore plus que de cette personne. Si celle-ci restait associée à l'image, cette distinction serait quasiment impossible.

La métaphore est donc élaborée. Construite avec beaucoup de soin et de nombreux détails, elle va ensuite être utilisée à différentes étapes et doit être mémorisée avec précision.

Ce travail peut être assez long, et il est important d'insister sur le fait qu'aucune interprétation ne doit être apportée, que les éventuels échanges dans le groupe doivent porter sur des interactions de métaphore à métaphore, et que tout « conseil » est strictement interdit afin de préserver chacun dans ce qui va suivre, ainsi que nous allons le découvrir ensemble.

Bien sûr, la calibration est importante, non seulement pour chacun, mais aussi pour toutes les interactions lorsque l'on travaille avec un groupe, car déjà se posent des interactions et des processus repérables et utilisables par la suite.

A ce stade on pourrait simplement faire un travail PNL classique de changement de sous-modalités en ne s'intéressant qu'à Hélène. Mais l'expérience sur quelques centaines de personnes a montré une efficacité bien supérieure avec les évolutions de sculptures et l'outil de la colline.

C'est que, au bout de quelques centaines d'accompagnements, il y a quelques années, ont commencé à m'apparaître des lignes fort intéressantes. Les métaphores s'avèrent être un outil puissant, respectueux et agréable renforçant entre autres le travail de repérage autour des rôles et missions de chacun, en lien avec les attentes de leur système d'appartenance. Elles sont en même temps représentatives de la problématique de fond de la famille.

Mais il n'y a pas qu'Hélène, voyons ce qui se passe pour les autres personnes…

Stéphane s'est représenté comme loup errant ayant peur d'une meute, Alexandra comme une liane cherchant la lumière, Salim un aigle aux pattes prises dans du ciment et cloué à terre, Michel un chevalier en errance, Noëlly un mouton cherchant son troupeau, Patrick un bateau dans une tempête, Monika une biche courant dans un champ en friche, Joëlle des poupées gigognes, Alain un tableau blanc, Michelle une naine dansant au milieu de géants, Liseby une tornade, et Anuradha une créatrice de mondes.

Voilà, c'est parti.

Chacun a annoncé son image avec plus ou moins d'intensité émotionnelle. Salim a eu du mal à la formuler, la gorge un peu nouée. Stéphane l'a annoncée en parlant à Alexandra, Alexandra en parlant à Stéphane. Ainsi c'est plus facile, disent-ils ensuite en souriant, parce que, autrement, ils avaient un peu peur du regard des autres. Bon. Michel a pris l'air penaud d'un petit garçon, baissant la tête, Noëlly l'a annoncée comme un défi en regardant tout le monde droit dans les yeux, Patrick avait du mal à l'élaborer et a demandé de l'aide (ce dont je me garde bien d'ailleurs), pour avoir plus de détails, se disant perfectionniste, puis a parlé de sa peur que sa métaphore ne soit pas aussi bien que celle des autres (!), Monika a fait semblant d'en rire, mais à la calibration ça ne collait pas du tout, Joëlle a éclaté en sanglots, laissant les autres interloqués devant une telle réaction (pour si peu de choses, évidemment), Alain l'a annoncée très vite et en rajoutant : « C'est tout », les yeux baissés, Michelle, pour sa part, a donné moult détails et j'ai dû la remercier pour l'interrompre gentiment, tandis que Liseby prenait un air très décontracté, voire condescendant, faisant d'abord des commentaires sur l'effet surprenant qu'elle a ressenti alors qu'elle ne s'y attendait absolument pas, et qu'Anuradha se dépêchait de décrire ce qui lui était venu à l'esprit comme pour se débarrasser de ce jeu bizarre…

Autrement dit, du classique dans la diversité.

Nous allons donc nous concentrer sur la recherche de ressources, puis de complémentarité, d'éléments manquants à leur propre image et existant dans celles de leurs voisins de travail. Chacun découvre à ce moment-là à quel point il est riche sans s'en apercevoir. Et en même temps en restant attentif à la calibration, et aux interactions qui commencent à se jouer et qui ne manqueront pas d'être utilisées dans les sculptings plus tard. C'est comme si tout était déjà présent sans qu'ils en soient conscients.

Recherche de ressources dans la métaphore d'Hélène : elle s'entend alors dire par le groupe que la porte est ouverte, et qu'une porte ouverte, pour certains, ça serait déjà ça ! Puis qu'un oiseau a des ailes, ce qui n'est pas donné à tout le monde, puis que le brouillard, c'est de l'eau, que l'eau c'est la vie, puis qu'elle sait qu'il y a du soleil, ce que d'autres n'ont pas dans leur métaphore, alors qu'ils en auraient fort besoin, ou au moins de savoir que ça peut exister pour eux. Hélène écoute, au début incrédule, puis amusée, puis intéressée...

Bien sûr, quand on est mal dans sa peau, comme Hélène, les images se présentent avec des apparences négatives, à ses yeux en tout cas. Ce qui n'est pas étonnant, puisque ça évoque sa problématique. Mais pas forcément aux yeux des autres, et il y a toujours, dans ces représentations, des aspects positifs. Notre travail est bien de les débusquer et d'apprendre à s'en servir. A moins d'un traumatisme important, en principe repéré dans l'histoire de la personne, on peut penser que ces images ne nous appartiennent pas tout à fait, mais sont le résultat de nos croyances et de celles qu'on nous a données tout au long de notre existence, renforcées par nos expériences, notre éducation, notre culture.

Une foule d'informations est donc donnée à Hélène sur elle-même. Pourtant, ça n'a l'air de rien, c'est même presque enfantin, sauf que chacun est déjà plus ou moins en état de conscience modifiée sans s'en apercevoir et les choses ne sont pas du tout, du tout, entendues comme « dans la vraie vie ». Elle dira ensuite qu'en les écoutant tous, a commencé comme une toute petite transformation intérieure qui grandira ensuite, comme si elle les intégrait peu à peu. Quelque chose du genre : quoi, des ressources, moi, c'est une blague ? En tout cas, comme une atténuation de ses croyances négatives, au départ, tout au fond d'elle-même, pas encore bien puissante, juste comme le début de quelque chose. Alternant avec une petite voix lui demandant ce que c'est que cette histoire de fous, bien sûr... Mais ce n'est pas au niveau conscient, donc, que cela se passe en réalité, et Hélène pourra nous dire par la suite combien elle se sentait étonnée de « ressentir » l'effet des paroles entendues de façon très, très bizarre, comme s'il se passait quelque chose d'indescriptible tout au fond d'elle-même, qu'elle ne contrôlait pas mais qui lui faisait du bien et provoquait des émotions auxquelles elle ne s'attendait pas.

Le groupe va maintenant échanger sur les ressentis de chacun en entendant les autres métaphores.

Que signifie cette étape ? Que les désirs, les peurs, les besoins de chacun vont être étudiés. Continuant à parler métaphoriquement, ça a l'apparence d'un jeu : « Je te prendrais bien un peu d'eau et de vent, s'il te plaît, Patrick, pour avoir plus d'énergie », réclame Alexandra. « Moi aussi, renchérit Noëlly, mon mouton se rafraîchirait bien les pattes un moment avant de repartir... » Patrick se prend au jeu, demande à Joëlle une poupée gigogne assez grande pour cacher et protéger son bateau qui n'en peut plus de cette tempête, ainsi que quelques géants à Michelle pour l'aider... Alain, tout à coup, veut tout. Tout dans son tableau blanc, et il demande de l'aide à Anuradha pour y mettre un peu d'ordre. « Finalement, ça m'arrangerait peut-être, répond-elle, sortant de son apparent scepticisme, au moins pour une fois j'aurais un cadre ! » Elle sourit.

Salim aussi réclame la tempête pour délivrer l'aigle :

« Parce que si ça ne secoue pas assez fort, il n'y aura rien pour le libérer ». Michelle demande au chevalier et au mouton de la rejoindre. « Je n'en peux plus de courir seule », « et je voudrais tellement de la douceur comme un mouton et de la protection d'un chevalier. » Re-larmes. Le chevalier voudrait bien, « mais il me faudrait la légèreté de la biche, la rapidité et l'intelligence du loup et les couleurs des poupées gigognes, ça me ferait du bien »... « Et moi, dit Michelle, le mouton pourrait-il venir danser avec moi et l'aigle m'offrir ses ailes et son regard perçant ? Je me sentirais mieux, j'en suis sûre ».

Le jeu continue. Au début très timides, ils s'animent chacun peu à peu. Le ton monte, des rires fusent, l'imaginaire s'envole. « On est fous ? » plaisantent-ils.

Oui, ça fait drôle en effet, quand on lâche prise en donnant libre cours à ses demandes inconscientes. Est-ce de la folie que de vouloir ce dont on a besoin ? D'en prendre conscience plus ou moins déjà avec cette ébauche de travail ?

Et surtout d'oser imaginer qu'on aurait le droit, puisque ce n'est qu'un jeu !

L'ambiance a bien changé. Les gestes se délient, la parole circule, les voix sont différentes. Sous l'apparence d'un jeu, beaucoup de choses se disent et, tout en restant très prudente avec mes risques d'interprétation, je me servirai de ces demandes-là, le plus respectueusement possible et toujours sous forme de propositions, par la suite. Ce n'est qu'un « jeu » pour l'instant, même s'il est émouvant et même si chacun a le sentiment que l'on touche à quelque chose de profond. Si on en restait à cette étape, on pourrait se complaire justement dans des interprétations, ou se dire qu'on est performant, ça y est, on a touché aux représentations et ça va changer notre vie, on a compris des choses.

Pas suffisant, pas sérieux et un peu prétentieux. Quand même !

En fait, avec ces échanges, un système est né, avec ses membres, ses règles, ses besoins, ses demandes, ses croyances, un bout d'histoire partagée et un héritage commun constitué par la multiplicité des héritages de chacun déjà exprimés à travers ces images.

Reste à l'utiliser pour aller vers de véritables changements, concrets, vérifiables et vérifiés, et avec cette touche magique si nécessaire mais parfois si rare en psychothérapie : le bon sens.

Car avec ce type de travail, il est facile de le perdre …

4

Les sculptings, les aïeux et plus encore...

Si nos aïeux étaient reconnus en partie responsables de ces constructions particulières et de nos modèles du monde, que penseraient-ils à nous observer nous démener ainsi dans cette petite vie que nous nous efforçons de rendre plus grande et plus belle avec nos moyens, et plus ou moins de bonheur avec ce qu'ils nous ont laissé?

Alors jouons encore : Réveillez-vous, les aïeux, il va falloir venir récupérer ce qui vous appartient : des peurs, des limites, des traumatismes divers que vous avez déposés sans le savoir ni le vouloir dans nos vies, et que nous allons nous efforcer de rendre pour ne garder que le meilleur de vous. Rouvrez-vous, malles aux trésors, l'heure du tri a sonné, ce sont nos métaphores qui nous l'ont annoncé dans leur complexité magnifique et magique.

Car si, dans leurs aspects apparemment personnels, elles sont aussi des représentations inconscientes des systèmes familiaux qui nous précédaient, et des héritages familiaux adaptés avec plus ou moins de bonheur, on peut donc y travailler.

Redevenons sérieux...Trier, redonner, oui mais comment ?

A travers certains phénomènes de groupes, il est possible de retrouver l'histoire inconnue, celle que l'on ne nous a jamais racontée, parce que inconsciente, des peurs et des drames de chacun sur plusieurs générations. Par des techniques systémiques, et entre autre de sculptings. Magnifique création des années cinquante, principalement développée par Virginia Satir, c'est un travail qui permet de recontacter toutes les prégnances familiales sur plusieurs générations et de traiter, a posteriori, ce qui n'avait pu l'être, et cela entraîne dans la grande majorité des situations une relecture de son histoire et une modification importante des conséquences dans l'héritage psychologique.

Et ce qui est incroyable, au cours de ce travail, c'est de constater que systématiquement la métaphore créée par la personne peut à merveille s'appliquer au système entier, tant elle exprime l'énergie de celui-ci et le problème de fond au-delà du symptôme. Serait-ce ce qui explique justement que nos métaphores surgissent de façon si spontanée ? Viendraient-elles de notre énergie familiale ? Porterait-on en nous une structure identique à celle de notre système ? Bref, serait-on isomorphe de nos familles à un point bien plus impensable encore que l'on aurait pu le soupçonner jusqu'à présent, puisque cela parlerait de notre structure même à un niveau inconscient, portant, comme les systémiciens le savent depuis longtemps, le symptôme des problèmes de nos familles, mais en terme de structure et pas seulement de réactions ou héritage comportemental, par exemple.

Année après année, je constate des phénomènes récurrents et extraordinaires à mes yeux. Lorsque je travaille en sculptures familiales, des phénomènes particuliers m'interrogent depuis fort longtemps maintenant, principalement en ce qui concerne les ressentis des « acteurs » lorsqu'ils ne sont pas dans leur propre rôle, dans des cadres de groupes thérapeutiques. C'est très impressionnant de constater que chacun, sans forcément en être averti, entre spontanément comme dans la peau de la personne dont il joue le rôle, au point de ressentir des émotions, sentiments et sensations corporelles qui ne lui appartiennent pas. Loin de moi les états médiumniques auxquels certains ont souvent voulu alors faire allusion, je pense qu'il est mieux d'essayer de comprendre autrement ce qui se passe. Que nenni !!! Pendant plusieurs années, je me suis torturé régulièrement l'esprit sans trouver de réponse satisfaisante. Aujourd'hui encore, après quelques centaines d'expériences de ce genre, je ne sais toujours pas ce qui se passe, mais cela se passe, et les applications thérapeutiques en sont extraordinaires, puisqu'en relation directe avec des possibilités de changement et de vision différente

21

de la carte du monde de chacun. Peu à peu j'ai affiné les interventions, et aujourd'hui j'intègre la PNL à ma pratique quotidienne, en particulier pendant ces stages. Ceci jusqu'à l'obtention d'un modèle qui satisfasse autant le thérapeute que les participants, tant par la qualité des résultats que par la profondeur et la facilité à dépasser les résistances et à accéder à un état de soi acceptable, écologique au sens PNL et systémique, c'est-à-dire respectueux pour lui-même et son entourage, et par conséquent plaisant à vivre et durable.

Peu à peu, ce modèle s'est construit, ainsi que l'outil de la « colline », qui se révèle aujourd'hui aussi agréable qu'efficace.

Cela se passe habituellement en groupe, bien qu'une adaptation en travail personnel soit tout aussi judicieuse.

Le travail en commun commence après un rapide tour de questions sur les lois principales qui régissent un système et agissent un individu : notions de métamodèle, de parties, de rôles, missions et comportements, de patient désigné, d'inconscient familial et d'homéostasie.

La suite...

C'est l'utilisation de la sculpture en approche systémique. Expérience étonnante et si difficile à relater, tant les ressentis sont particuliers.

La sculpture :

Que se passe-t-il ? C'est comme si on était dans l'histoire de « l'autre » et dans la sienne en même temps ? Pourquoi toutes ces émotions ? A qui appartiennent-elles ?

C'est comme si la métaphore se dessinait toute seule avec ce qui se passe autour...

Ce sont des questions qui surgissent régulièrement à chaque stage. Les participants sont à la fois surpris, débusqués dans leurs émotions et comportements de façon si inattendue qu'ils se retrouvent un instant déstabilisés. Le temps tout au moins d'être rassurés, portés par l'énergie du groupe. Car ce n'est pas rien, de se sentir vivre à la fois une partie de soi et de son histoire, tout en restant conscient qu'en fait c'est aussi le rôle de quelqu'un d'autre que l'on est en train de jouer.

Restituons le décor : on est en plein travail sur soi, avec le support du groupe. Mais pas n'importe quel travail : chacun sculpte sa famille, en demandant aux participants de se mettre dans le rôle, qui du père, qui de la mère, des frères et sœurs, des grands-parents aussi, et des conjoints et des enfants. Jusqu'ici du très banal. Mais il ne s'agit pas de simple jeux de rôles, puisque l'expérience commence par une « sculpture familiale », c'est-à-dire le positionnement caricatural de chacun, dans l'espace, afin que l'on puisse « lire » du premier coup d'œil, de l'extérieur, les relations existant dans cette famille, comme si l'on avait affaire à une photographie vivante de ces relations-là. Suivent quelques minutes d'immobilité où la consigne est de respecter le silence et l'observation des émotions qui surgissent spontanément en soi, sans analyse ni dialogue interne, simplement en tant que phénomènes.

Puis, sur un signal, chacun agit comme il en a envie : le jeu de rôle commence.

Et c'est bien là qu'il se passe quelque chose de tout à fait particulier.

En PNL, lorsqu'on est bien « dans ses baskets à soi », on appelle cette posture P1 (première position perceptuelle en PNL). Lorsqu'on fait comme si on était « dans les baskets de l'autre », qu'on se met à la place de quelqu'un, on est en P2 (deuxième position perceptuelle en PNL). Mais que se passe-t-il lors de ces intersections P1 P2, lorsque, dans les sculptures, on vit à la fois des choses qui appartiennent très nettement à notre histoire et à celle du personnage dont on joue un bout de vie ? Coïncidence ? Mais pas quand c'est systématique... Phénomène étrange, en tout cas, dont la répétition ne cesse d'étonner à chaque fois. Car ce ne sont pas seulement des bouts d'histoire, ce serait trop simple, et tout le monde pourrait plus ou moins trouver dans ses expériences personnelles quelque chose qui y correspond. Non, c'est réellement de façon redondante des événements très prégnants, voire l'impression d' assister à une reconstitution autour de soi et sans l'avoir vu venir, de sa propre famille. C'est reconnaître le discours, les attitudes, les regards, les comportements d'un proche, comme si c'était lui, comme si l'on était au croisement de deux histoires qui se superposent tout à coup sans qu'on ait prévu quoi que ce soit. C'est parfois vivre dans son corps des ressentis étranges, des sensations incroyablement présentes et fortes, et inexplicables... sauf lorsqu'on en vérifie la véracité dans l'histoire de celui ou celle dont on joue le rôle...

C'est comme si, en fait, les inconscients de systèmes avaient été redistribués au moment même où la sculpture se fait. Mais ceci pose le problème, d'une part, de l'existence d'un inconscient de système, et d'autre part, de l'utilisation de ces inconscients-là, non seulement dans ce travail spécifique, mais aussi dans toutes nos interactions, quelles soient familiales, professionnelles où sociales. C'est aller bien plus loin encore que les simples projections, dont les mécanismes sont plus facilement déchiffrables.

Mais comment s'appelle la position perceptuelle dans laquelle nous nous trouvons lorsque, dans un jeu de rôle, nous jouons le rôle de quelqu'un que nous ne connaissons pas, tout en en ayant les caractéristiques comportementales et émotionnelles précises, sans le savoir, sans le chercher, sans consigne particulière, lors d'interactions spontanées, et qu'en même temps nous nous retrouvons dans un des rôles de notre vie ou de celle d'un proche ?

Quelques exemples au passage :

INTERSECTIONS P(?) P1 : Je suis en train de jouer un rôle, complètement associé, et tout à coup, je me dissocie spontané-ment et je m'aperçois qu'en fait, je suis dans ma propre histoire, que c'est donc comme ma famille qui est autour de moi, et j'en reconnais chaque membre qui parle, agit, réagit comme chez moi. Puis je suis dans un drôle d'état où tout se mélange…

INTERSECTIONS P(?) P2 : Je suis en train de jouer un rôle, complètement associé, et tout à coup je m'aperçois que je suis dans le rôle exact d'un membre de ma famille, donc je me reconnais dans la personne qui joue mon rôle, c'est-à-dire qu'en rentrant dans la peau de celui dont je joue le rôle, j'ai sous les yeux les interactions qu'il peut voir, qu'éventuellement je peux en ressentir des émotions proches des siennes, et que cela me permet, de ce point de vue là, de me voir agir, de comprendre différemment la personne de ma famille dans la peau de qui je suis censé être, par rapport à moi. Drôle d'état reliant les deux…

INTERSECTIONS P(?) P3 : Je suis en train de jouer un rôle qui me semble anodin, et je m'aperçois que j'ai sous les yeux ma famille, et moi, de l'extérieur, chaque personnage étant conforme à ce qui se passe réellement chez moi, et donc les interactions dans lesquelles je suis impliqué. A nouveau un drôle d'état...

C'est systématique d'y être confronté pendant ces stages. Et bouleversant car imprévisible quant au moment où ce phénomène surgit.

Voici les observations et réflexion de Michel Facon sur les positions perceptuelles pendant les sculptures :

« L'ordre c'est P1 P2 P3 P4, de l'enfant à l'adulte. La multiperspective, c'est d'adopter successivement les quatre positions (quelle que soit la posture), se souvenir sans cesse qu'il y a système observant et système observé, le système observant est celui qui peut déplacer son point de conscience, c'est-à-dire le point à partir duquel il observe le "système observé" : c'est P1P2P3P4. Cela suppose de n'introduire que l'espace, ce n'est pas rien. C'est dans l'espace perceptuel personnel que se déploie la perception et celle-ci se fait à partir de nos organes des sens.

On peut être en P1 visuel, mais en P2 auditif ou kinesthésique, etc. C'est là, me semble-t-il, le chaînon manquant pour... commencer à comprendre le mystère observé cliniquement.

Toute position peut être contaminée, pourrait-on dire. Du coup, les " intersections" (P1-P2 ou autres...) peuvent sans doute s'éclairer un peu mieux. Je dis bien UN PEU mieux !

Par exemple, quand un participant joue un rôle, disons celui de la mère de quelqu'un d'autre, il est invité à se mettre en P2, bien sûr, mais l'est-il totalement ? Est-ce en P2 en VAK ou cela dépend-il de l'alignement PREALABLE de ses positions perceptuelles sur ses systèmes de représentation ? P(x) pourrait être en partie une position variable et différente selon les personnes ».

Et si l'on faisait tout le temps ces expériences sans le savoir...

Dans quels jeux sommes-nous dans la vie courante ? Les sculptures ne sont-elles pas spontanées dès que l'on se retrouve en groupe ? Au-delà des projections observées depuis la nuit des temps, on pourrait imaginer que l'on passe pas mal d'énergie à s'ajuster, recevoir des infos inconsciemment, se réajuster, et que cela expliquerait les confusions que l'on ressent rapidement parfois pendant des discussions. On pourrait imaginer que toute rencontre est faite de ces ajustements à différents niveaux de perception. On pourrait même imaginer que certains symptômes somatiques n'appartiennent pas vraiment à la personne, mais qu'elle serait là, au mauvais endroit et au mauvais moment, à l'interface d'une ou plusieurs histoires ne la concernant pas obligatoirement (sauf dans sa famille par héritage) et qu'une simple résonance ou potentialité a tout déclenché en elle. Ce qui pourrait aussi expliquer, en partie, pourquoi certaines personnes se dégagent plus vite que d'autres de problèmes de santé ou de situations difficiles.

Mais alors, sommes-nous vraiment libres de nos décisions et actions dans ce cas-là ? Que signifient les réunions de famille, de travail, de politique et autre ? Voilà de quoi parfaire la modestie de certains et faire peur à d'autres, à moins d'en sourire, puisque ça existe depuis la nuit des temps.

Mais ce n'est pas l'essentiel du travail.

Nous avons là avec ces différentes intersections un simple diagnostic à vérifier, et à utiliser.

La vérification peut bien sûr se faire aussi ultérieurement, mais un questionnement circulaire rapide et immédiat, dans le cadre des jeux de rôles faisant suite à la sculpture, donne déjà des indications possibles. Il y a toujours plusieurs hypothèses systémiques qui se posent à ce moment-là. D'abord de nature fonctionnelle (c'est-à-dire parlant de ce à quoi cela sert dans la famille), puis ontologique (en rapport avec l'histoire, le génogramme, les mythes…), et structurale (évoquant la structure, c'est-à-dire les places et rôles de chacun, les distances et les frontières). Quelque chose a surgi, et dans la richesse de la mémoire stimulée, des informations nouvelles, d'une lecture nouvelle, est venu bouleverser déjà le modèle du monde préétabli.

C'est une étape très intéressante où les écologies personnelles et familiales doivent être étudiées avec grand soin, car c'est ce qui va déterminer la cohérence de ce nouveau modèle du monde, et par conséquent son intégration dans l'avenir.

A cette étape donc, il est souvent nécessaire d'utiliser TOUS les outils PNL dont chaque personne va avoir besoin, et en « cascade ». Régulièrement, c'est le moment des reprogrammations d'histoires de vie, des ancres réelles ou fantômes, de l'outil de traitement du deuil, des codépendances, de Talles de Menezes[4], etc.

C'est là qu'apparaissent les trois sous-systèmes indispensables à travailler respectueusement. La première phase, l'immobilité, est dépassée depuis longtemps.

Les sous-systèmes :

La deuxième phase, après la phase d'immobilité, est le début de l'action.

Celui qui a le rôle d'antenne est bien repéré, et agissant comme d'habitude. Il a alors tendance à se tourner spontanément vers celui ou celle, qui, à son avis, est à l'origine du « problème ». Mais, ce faisant, c'est comme s'il pouvait nous déterminer, dans sa famille, un sous-système d'antennes, voire de porteurs de symptômes prêts à agir pour maintenir l'homéostasie.

Ils sont à la fois tous antennes ou porteurs de symptômes potentiels du système… et du porteur principal. Ce sous-système est extrêmement actif.

Mais il ne faut pas confondre bouc émissaire et porteur de symptôme.

Le bouc émissaire est celui qu'on montre du doigt comme étant le responsable de la situation.

Ce peut être un conservateur rigidifié, un agitateur intempestif tout autant que le porteur de symptôme lui-même.

La caractéristique du porteur de symptôme est d'être la victime la plus évidente, ou simplement celui qui a le plus de problème dans la famille, et qu'il met rapidement en évidence le « bourreau », le bouc émissaire.

Les agitateurs se sentent souvent aussi victimisés mais ils sont en réaction, la plupart du temps de façon consciente et active, contre ou pour le bouc émissaire, ou le système dans sa globalité.

Quand le bouc émissaire est un conservateur rigidifié, il se situe bien souvent dans les générations des parents ou grands-parents. C'est la mère « abusive » ou le grand-père incestueux vers lesquels tous les regards se tournent sans que ce soit clairement nommé. Il peut y avoir du secret autour de lui ou d'elle. Et bien sûr ce bouc émissaire peut avoir perpétué des comportements entretenant un sous-système de conservateurs. C'est le cas de

---

[4] Technique PNL permettant de dépasser des problématiques précises.

ces familles qui n'arrivent plus à gérer une problématique et la transmettent en redondances transgénérationnelles jusqu'à ce que le système explose et se scinde en sous-systèmes repérés, comme si l'objectif était une ultime tentative de survie en réglant enfin ce qui devait l'être depuis si longtemps. C'est la réorganisation qui s'ensuit qui prouve que le problème a été réglé ou pas, en totalité ou en partie. Soit un nouvel équilibre apparaît, et il n'y a plus de porteur de symptôme, mais les agitateurs restent vigilants et plus ou moins actifs, soit des symptômes persistent et leur importance est proportionnelle à ce qu'il reste à traiter.

On observe que les agitateurs peuvent porter longtemps les peurs que le système croit dépassées. Dans leur fonction de vigilance, c'est comme si cela leur permettait de garder leur objectif bien vivant…

Les antennes, de leur côté, sont DANS la métaphore. Car leur fonction n'est pas de dire mais de MONTRER, et de façon presque caricaturale, ce qui ne fonctionne pas. Quand le verbal n'a pas été suffisant, l'analogique prend le relais, frappe et montre, expose à la face du monde la structure de ce qui ne convient pas.

Chacun se démenant à sa façon, avec ses capacités et ses croyances, bien présent pour activer et maintenir dans son rôle et sa mission le bouc émissaire principal. C'est qu'on ne change pas un fonctionnement si facilement ! Alors, on peut observer un troisième groupe, en principe bien en retrait : les gardiens…

Les gardiens regardent ce qui se passe, s'écartent lors des interactions, voire s'isolent spontanément et délibérément. Ils diront lors du questionnement circulaire qu'ils ne « ressentaient rien », ne « comprenaient pas ce qui se passait », ou bien par exemple que « ça semblait trop compliqué ou bien dangereux et qu'ils préféraient rester en dehors ».

Il y a donc ceux qui sont « comme d'accord » pour se présenter spontanément, ou se laisser interpeller par le bouc émissaire repéré (les agitateurs), et ceux qui fuient tout aussi spontanément, bien protégés par les premiers (les gardiens). Ce qui ne signifie pas qu'il y ait des gentils et des méchants, mais simplement certains qui ont été d'accord pour porter la souffrance d'un système et libérer ainsi les autres. Le tout sans s'apercevoir de ce qui se passe.

On vérifie en fait que parmi ceux qui sont exclus, et que l'on pourrait penser protégés, il y a bien souvent de la culpabilité et une compréhension plus ou moins consciente des événements.

Dans la deuxième phase, lors des interactions entre les boucs émissaires « patentés », il faut laisser agir jusqu'à ce que le système soit suffisamment en "crise" pour qu'autre chose soit proposé sans risque d'homéostasie immédiate. Que le seuil de tolérance (par rapport à la résistance, pas à la souffrance !) soit atteint, afin qu'une autre solution naisse enfin et permette une autre appréhension du monde. Dans l'expérience, si l'on tente un changement avant que le système soit suffisamment "en crise", les autres acteurs ne sont pas impliqués réellement et le changement est difficile à obtenir. Ce qui ne signifie pas que ceux-ci soient systématiquement récalcitrants, mais qu'ils ne peuvent pas, n'ont pas encore les ressources nécessaires pour faire ce travail, et surtout que le système n'a pas encore lâché prise pour le leur permettre. De toute façon, au moment où le système peut bouger, ces derniers acteurs doivent être soutenus à leur tour afin de permettre l'évolution définitive de l'ensemble, et ce, avec tous les outils à nouveau nécessaires.

Donc, en un premier temps, il s'agit d'activer le premier sous-système, les antennes et les agitateurs, jusqu'à obtention d'une « crise », puis de passer à l'autre sous-système, les gardiens, celui qui n'était pas « armé » au départ pour aider correctement l'ensemble, et de lui donner les ressources nécessaires pour cela.

Il est utile de monter une sculpture avec au moins trois générations, les redondances symptomatiques étant souvent posées comme telles au moins. Par contre, il n'est pas utile de rechercher indéfiniment les origines perdues, l'on sait bien que les boucs émissaires ne sont pas nés... de la dernière pluie, et que ce n'est pas dans d'infinies explications que se trouvent les solutions, mais dans la transformation de la carte du monde, ainsi que dans la circularité des ressources, des informations et interactions.

La restructuration finale :

Arrive enfin la restructuration finale du système, et à ce stade, il est important que chacun puisse exprimer dans quoi il se sent bien, comment il a perçu que les ressources auparavant manquantes étaient enfin présentes,

29

et que cela changeait tout, non seulement à son état interne mais aussi à sa vision du monde, et de sa famille en particulier.

C'est comme si on reprenait tous les acteurs du système pour leur redonner la place dont ils ont besoin, et dont le système a besoin, avec l'état interne cohérent, enfin. Avec également une fonction différente et de là, pouvoir jouer sur des interactions différentes. Et tout cela doit être vérifié en fin de sculpture.

D'autre part, dans la cohérence des rôles et des places, je suis attentive à ce que les parents soient dans leurs places et rôles de parents. Par exemple, c'est-à-dire que ce n'est jamais à un enfant d'aller régler le problème d'un parent, encore moins d'un grand-parent, ce qui est une demande très fréquente. C'est aux adultes de faire leur travail d'adultes, et aux enfants de profiter de ce travail-là, jamais le contraire... C'est aux enfants de profiter de la protection à laquelle ils ont droit, des parents construits auxquels ils ont droit, à ce moment de vie où eux-mêmes sont en construction et pas encore armés pour ce type de travail. Elémentaire, mais ô combien souvent oublié. Ce qui est bien sûr ce qui se fait pendant l'évolution des sculptures.

Evolutions ou révolutions ? Je ne sais plus trop. Mais peut-être révolution, puisque l'on refait ce quelque chose qui permet aux enfants de refaire leurs trajets d'enfants, en n'ayant plus qu'à nommer leur vécu, et aux parents leur travail effectif de parents.

Ce qui est encore plus passionnant, c'est de vérifier la transformation fondamentale qui s'opère bien souvent spontanément par la suite avec « les vrais gens », dans « la vraie vie », sans qu'ils aient eu accès à ce qui s'est passé... Mais comment ça marche ?

Revenons à la sculpture, à ce stade, la métaphore de base est en pleine évolution...

Puis arrive l'étape finale de la colline. Cette étape structure, affine le travail de la sculpture. Sous état hypnotique léger, il parfait donc l'ensemble et apporte un état de sérénité permettant d'intégrer au maximum les bénéfices des changements proposés.

Bouleversement.

En résumé, c'est un travail qui se fait sur plusieurs jours au cours d'un stage, qui ouvre sur tous les possibles dans son système, et intensifie les phénomènes de résilience.

Revenons maintenant à Hélène. En ce deuxième matin de ces jours prévus un peu fous, et après une chaude nuit agrémentée de quelques moustiques et chants de crapauds buffles, c'est le moment, elle se sent prête et demande à passer la première, en cette matinée où chacun a conscience d'être sur le point de vivre quelque chose de très particulier, entre peurs et désirs.

Je l'invite à se lever et à commencer à regarder tous ceux qui sont autour d'elle tout en se rappelant leur métaphore. Ce qu'elle fait en souriant, laissant aller son regard de l'un à l'autre. Puis je lui propose de penser à chacun de ses parents et de choisir parmi les présents deux personnes pour les représenter, soit au feeling, soit en fonction de leur métaphore. Ce qu'elle fait. Idem ensuite pour chacun de ses grands-parents, et comme il nous reste trois personnes disponibles, elle décide de mettre en scène également une tante signifiante pour elle, et ses deux enfants pour qui elle se fait du souci. Ainsi tout le monde se retrouve acteur.

Puis je l'aide à s'imaginer l'oiseau en cage qu'elle se sent être au pied d'une montagne impressionnante, alourdie par le brouillard, recouverte de buissons épineux, de contours en friche avec un soleil impossible à voir. Pour cela, elle décide de se recroqueviller sur elle-même, ses parents au-dessus d'elle se tenant par les mains et appuyant chacun sur le dos de son enfant avec leurs mains plaquées.

Ils ont pour consigne de se regarder « comme s'ils ne comprenaient pas ce qui se passe ». Pendant ce temps, la tante se voit proposer une posture de clown immobile, mains en l'air, en équilibre sur un pied, légèrement penchée en avant, face au groupe parents-enfants auquel elle ne participe pas directement. Les deux enfants, eux, sont spectateurs bien à l'écart, et se tiennent par la main.

Maintenant que tout le monde est positionné, la consigne est de se taire, et d'accueillir absolument tout ce qui va passer dans la tête et le corps sans se poser de question. Juste être présent à ce qui se passe. Cela dure deux ou trois minutes.

Ce temps est tout à fait particulier. C'est en fait un temps hors du temps.

Le système est réactivé dans tout ce qui était inconscient. Ou bien c'est l'inconscient du système lui-même qui est réactivé. En tout cas, à partir de cet instant, le temps ne compte plus, tout est présent, les grands-parents disparus sont là, bien acteurs, les scènes principales de la vie d'Hélène se rejouent spontanément et très vite.

Elles se rejouent, mais différemment. Hélène les reconnaît au passage. A chaque fois, c'est comme si elle sortait un instant de l'état hypnotique spontané dans lequel elle se trouvait, pour prendre conscience simplement « qu'elle connaît cette scène », puis elle replonge dans l'action. Mais ce n'est plus avec le même regard, plus avec la même distance ou proximité, et le fait d'avoir une intervenante qui questionne, recadre au fur et à mesure de la calibration, change tout. Toutes les émotions, toutes les représentations, et les comportements aussi. Au fur et à mesure que je calibre les uns et les autres, la PNL prend sa place et les outils surgissent d'eux-mêmes, si j'ose dire. Là où apparaît une incompréhension, j'active, questionne, interviens, recadre, oblige à aller jusqu'au bout de l'interaction, et là, les outils sont divers et variés.

A peine ai-je donné le signal du démarrage de l'action après le temps de silence du début du sculpting, qu'Hélène éclate en sanglots, et ses parents commencent à se disputer à son sujet, s'accusant mutuellement de la mettre dans cet état, revendiquant chacun de mieux la protéger que l'autre… Le ton monte. Hélène sanglote de plus en plus fort, et tout à coup, elle se débat, repousse ses parents qui la maintenaient fermement chacun par un bras (tandis que leurs propres parents continuent à faire de même avec eux sans dire un mot et que ses enfants se rapprochent en demandant ce qui se passe, inquiets visiblement, disant qu'elle n'allait pas encore refaire une dépression comme ça…). Ils la lâchent, semblent stupéfaits. Je me garde bien d'intervenir encore. Hélène est pleine d'énergie à ce moment et semble comme un lion, prête à se battre, pas du tout comme un oiseau, la cage s'est ouverte trop vite aussi…. Et cela ne correspond pas encore assez à sa métaphore. Pour moi, la montagne ne s'est pas encore assez manifestée, l'intensité n'est pas suffisante, intervenir à ce stade risquerait plus de bloquer les interactions nécessaires que d'aller dans le sens de la résolution du problème de fond, qui, de toute façon, n'a pas encore émergé. Alors j'accompagne en silence, à distance, debout, en bougeant à son rythme mais le plus discrètement possible. A ce moment sa tante intervient. Elle tournait physiquement autour de ses parents (les grands-parents donc), depuis un moment, et là, tout à coup, elle s'écrie : « Mais vous n'avez pas vu que c'est eux qui ont fait tout ça ? » Elle semble révoltée. Les grands-parents accusés, les quatre en fait, se tournent vers elle. Ils semblent ne pas comprendre. Sauf la grand-mère paternelle qui, tête baissée, se tourne tout à coup contre le mur, tournant donc le dos à tout le monde en chuchotant : « Ils m'énervent tous, mais ils m'énervent avec leur hypocrisie… ».

La tension semble au paroxysme.

Donc, j'interviens. J'attendais ce moment, il n'était pas question de me manifester avant, stratégiquement.

Je vais vers cette grand-mère et lui demande ce qu'elle souhaiterait qu'il se passe, car elle semble savoir quelque chose que l'on n'a pas encore compris dans cette famille et cela fait plusieurs fois qu'elle ouvre la bouche, comme pour parler, puis se tait . Elle refuse tout d'abord, disant que ce ne sont pas ses affaires, qu'elle est là pour transmettre des valeurs sûres et pas pour faire des histoires… Je lui demande donc de quelles valeurs elle parle. Elle en nomme plusieurs, et je prends soin de vérifier si, à son avis, ses enfants et petits-enfants ont bien intégré ces valeurs-là. Sa réponse est « Oui, mais pas Hélène, ni ses enfants, pas tout ». Je lui demande si elle souhaite aider Hélène pour qu'elle puisse accueillir toutes ces bonnes choses qui viennent d'elle. Et je lui demande alors si elle sait ce qu'est le problème de cette famille. Elle sourit, dit que oui, évidemment, mais qu'on n'a pas le droit d'en parler. Mais elle, elle sait…

Hélène a cessé brutalement de pleurer. Elle s'est avancée vers sa grand-mère. Je la laisse évidemment prendre le relais de la parole. Elle se met à la questionner. La grand-mère refuse un certain temps de répondre, puis de guerre lasse, lui dit : « Demande donc à ton père… ».

Hélène ne comprend pas. Demander quoi à son père ? Je lui dis de faire confiance à sa grand-mère. Elle hésite. Le père va lui opposer un certain temps une résistance gênée, puis il lui dit un secret qui lui pèse depuis si longtemps : il n'est pas sûr qu'elle soit vraiment sa fille. En disant cela, il couvre son visage de ses mains et lui tourne le dos. Cela semble si difficile pour lui. Mais Hélène, bien que sous le choc, le rassure, le prend dans ses bras, se montre d'une grande douceur. Alors qu'elle devrait être en état de choc, elle semble bien, si bien, que cela m'interroge. Je lui demande ce qu'elle ressent. « C'est normal, dit-elle, je ne suis pas surprise, je me le demande aussi depuis toujours, mais je croyais que j'étais folle et que je me faisais un roman, alors, de voir qu'il se pose la même question, je me sens si apaisée, si normale, comme sortie du flou , c'est comme si tout à coup je me sentais entière et vraie, et crédible enfin pour tout ce que je peux avoir dans la tête. »

Mais pendant ce temps, c'est la maman qui s'agite. Elle semble confuse à présent. Je vois son regard et propose à Hélène de la regarder elle aussi.

Immédiatement, elle lâche son père, fait quelques pas, se campe face à elle, poings serrés, visage fermé, coléreux de toute évidence. Je l'accompagne, mais me place près de la maman pour la soutenir. « Que ressens-tu ? » lui demandai-je.

« J'ai honte… Je ne peux pas regarder ma fille.

– Que te faut-il comme ressource pour te permettre de lui parler comme tu le veux ?

– De la confiance en moi, l'assurance de lui parler sans la blesser, mais aussi sans blesser son père, car je veux qu'il entende aussi. »

Je lui propose de regarder autour d'elle et de choisir une personne qui, à son avis, pourrait avoir ces qualités. Elle choisit. Je propose à cette personne, en l'occurrence sa sœur, la tante, de se placer près d'elle et de la toucher comme pour la soutenir, lui transmettre ces ressources-là, jusqu'à ce qu'elle sente que c'est bien pour elle. Cela se fait rapidement, en fait. Elle remercie sa sœur, puis, prenant une grande inspiration, dit à son mari : « Elle est ta fille. Mais je sens que j'ai eu un doute moi aussi. Juste avant de la concevoir, j'ai effectivement eu une aventure, et ma sœur et ta mère l'ont su. C'est pour ça qu'elles ont réagi tout à l'heure. Mais je suis formelle, les dates sont là, elle est ta fille, tu es la fille de ton père, Hélène, et je suis si désolée de tout cela. Je n'imaginais pas que ça ait pu faire autant de mal et je vous demande pardon à tous les deux. »

Un moment d'émotion suit, avec des processus de réconciliation, une mise en place d'un reparentage[5] entre la mère et la fille, un travail sur la ligne du temps pour Hélène, dans sa tête, tandis qu'elle se laisse aller un moment dans les bras de sa mère, avec qui elle avait auparavant tant de distance... Juste pour commencer à bien installer la nouvelle vision de l'histoire et les ressources en découlant.

Mais c'est loin d'être fini.

La grand-mère souhaite reprendre, elle s'est spontanément avancée, tape sur l'épaule de son fils. « Moi aussi je veux te demander pardon pour quelque chose », dit-elle.

Tout le monde semble surpris. Mais à la calibration, c'est évident qu'il se passe quelque chose dans sa tête. Elle continue : « Si avec ton père, on t'avait donné de meilleurs repères pour le couple, peut-être que ta femme n'aurait pas été malheureuse au point d'avoir besoin de consolation, ou de se rassurer, ou je ne sais quoi qui ne me regarde pas, finalement. Mais je la comprends. Moi aussi j'étais perdue. Regarde la tête de ton père quand on parle d'amour : tu as vu ? »

Le grand-père, silencieux jusqu'à présent, explose tout à coup. Une colère énorme. Elle jaillit sans qu'on s'y attende. Profonde, volcanique, violente. Une explosion. « L'amour, l'amour, vous n'avez que ce mot-là à la bouche. Et ça veut dire quoi l'amour, comment on fait pour aimer ? Où il est le mode d'emploi ? Qui m'a aimé, moi, élevé à l'Assistance, abandonné à la naissance, trahi par ma femme dès qu'elle a eu des enfants, je ne comptais plus, j'en crevais dans mon coin, tout le monde s'en fichait... Alors arrêtez avec l'amour et toutes ces bêtises. L'amour, c'est dans les bouquins, jamais dans la vraie vie. J'y ai cru, j'ai failli en crever. Vous êtes contents maintenant que vous m'avez fait craquer , hein ? » Et il s'écroule en larmes. Je le rejoins, sa femme s'est déjà précipitée. « Pourquoi tu ne m'as jamais dit ça ? ». « Je ne pouvais pas, répond-il, c'était trop dur, je me traitais de guimauve, un homme ça doit pas être sentimental, ça doit pas pleurer. J'avais honte. »

Je reprends ses croyances sur l'amour, les hommes, et un travail rapide

---

[5] Procédure PNL permettant une meilleure vision d'une relation parent-enfant abîmée.

permet de les amoindrir .

Il peut ouvrir les bras à sa femme, puis se tourne vers son fils. « J'ai des choses à te dire » dit-il, tout en semblant très ému.

Il le regarde bien en face. « Oui, dit-il, regarde-moi dans les yeux, comme ça, c'est bien. Il faut que tu croies au couple. Il faut que tu saches que si j'étais si absent c'est que j'étais un vrai idiot, et moi aussi je te demande pardon, comme les autres, là, tout à l'heure. Moi aussi je sens très fort que j'y étais pour quelque chose dans cette histoire. Je crois que dans cette famille on ne savait pas se parler, surtout d'amour. Je crois que les pères ne savaient pas être à leur place. Je crois que les mères ont fait ce qu'elles ont pu, même quand elles ont fait des bêtises. Je crois qu'Hélène peut s'en sortir maintenant. A toi de continuer avec elle. Transmets-lui ces choses-là pour moi s'il te plaît, c'est important. »

Le père d'Hélène est très ému. Il se tourne vers elle. Elle lui tend les mains. Il soupire. « Tu as entendu ce que vient de dire ton grand-père ? » « Non, répond Hélène, en souriant, taquine, je veux que tu me le redises avec tes mots. »

Il s'exécute. Puis commente : « Ça fait drôle de te dire ça en face. Finalement, il avait raison, le vieux… ». Il cligne de l'œil. Ils éclatent de rire tous les deux. La complicité s'installe.

Mais la mère ne semble pas au mieux quand même. Depuis que le père et la fille se sont retrouvés, elle ne cesse de regarder ses propres parents. Ils sont tout silencieux, ces deux-là, dans leur coin. Ils n'ont pas parlé, ou presque, pendant tout ce travail.

Ils semblent aller plutôt bien. Mais leur héritage aussi est important. Qu'en est-il ? Allons vérifier… Je m'approche. « Qu'en pensez-vous ? » demandai-je…

Ils se regardent, l'air surpris. « Alors ? ». Ils ne semblent pas pressés de répondre, je dois les stimuler un peu plus… Ils finissent par réagir, comme de concert, comme parlant d'une seule voix. « Bien, c'est qu'on la comprend, notre fille, de toute façon, nous, on ne voulait pas de ce mariage. Il n'était pas assez bien pour elle. Taciturne, triste, alors qu'elle, elle aimait s'amuser, danser, chanter, on n'a jamais compris ce qu'elle lui trouvait à ce garçon.»

Mais la mère réagit alors fortement : « Ah oui, je me rappelle, vous n'en vouliez pas. Il a fallu que je me batte pour l'avoir, j'étais trop jeune, vous disiez, lui pas assez riche, instruit, beau garçon. Vous voulez savoir ? Toute mon enfance vous m'avez exaspérée avec vos principes, vos folles idées de grandeur, le prince charmant qui m'attendait, alors que vous ne vous êtes jamais regardés ? C'est votre couple qui était triste et petit, l'amour, chez vous, c'était quoi ? »

Ainsi attaqués, ils se rétractent. Je propose à cette dame de leur demander autrement, de vérifier leurs valeurs, ce qu'on leur avait appris, pourquoi ils voulaient lui transmettre tout ça, en vrac, sans trier. Ils répondent cette fois. Ils disent combien c'est dur d'entendre ça, qu'ils n'avaient jamais été conscients du fait que ce que leur avaient appris leurs parents n'étaient plus adapté à cette société qui avait changé si vite à leur époque. Qu'ils ne referaient plus la même chose si c'était à refaire, mais que là, pris de cours, ils ne pouvaient que se rendre compte de leurs erreurs et en être désolés. Mais vraiment désolés, ajoutent-ils, du plus profond de leur cœur.

La mère d'Hélène s'est radoucie. « Je comprends mieux, dit-elle. Je n'avais jamais vu les choses sous cet angle. Mais c'est dur de devoir aussi remettre tant de choses qu'on nous a apprises en cause… Je suis bien placée pour le savoir, moi qui ait tant tenté, je m'en aperçois maintenant. Epouser un homme que j'aimais, oui, mais contre vos valeurs, comme pour changer le monde aussi avec lui, essayer de transmettre autre chose à nos enfants, me trouver désemparée devant l'absence d'amour, enfin je croyais à un moment, puis vouloir tout reconstruire avec celui que j'aimais, et voir ma fille si mal parfois que je me sentais désespérée…

- Moi aussi, dit le père.
- Alors, vous ne croyez pas que dans cette famille le problème c'est vraiment la communication ? C'est peut-être pour ça que j'en ai fait mon métier, dit la tante en éclatant de rire… »

– La communication autour de l'amour et des valeurs, oui, renchérit Hélène. J'ai compris pourquoi, enfin, je n'arrête pas d'en parler à mes propres enfants.

Et eux aussi réagissent, disant combien ils ont eu peur en voyant tout cela se mettre en place, puis en comprenant combien cela les concernait, avec les conséquences déjà subies.

Hélène a vécu le travail de sculpting et, pendant environ deux heures, ont eu lieu moult reprogrammations émotionnelles et comportementales, suivies d'un travail spécifique en état hypnotique pour parfaire l'ensemble. Où en est sa métaphore, qu'imagine-t-elle d'elle maintenant ? Voici ce qu'elle élabore immédiatement : « L'oiseau s'envole pour de nouveaux cieux. Les terres épineuses sont devenues des forêts aux couleurs chatoyantes, l'air de la montagne est pur et vivifiant, je vais chausser mes chaussures de marche, prendre mon bâton et aller tout là-haut chercher la lumière. »

Transformation. « Symboliquement, merci les aïeux, recevoir de vous toutes ces capacités est un vrai bonheur ». Hélène poursuit : « Je me sens plus riche, j'ai l'impression que je n'aurai plus de préjugés, je sens que mon avenir s'est ouvert, cette montagne est en train de devenir en fait un jardin merveilleux où je vais m'épanouir, et au lieu de vivre la solitude, quelqu'un va me cueillir, qui a intérêt à être un bon jardinier pour m'accompagner!!! »

Alors, il est donc possible d'écouter un peu toutes ces merveilleuses images qui nous en disent tant sur nous, et sur tout ce que nous nous cachons, ou que l'on nous a caché, par inadvertance ou ignorance. Il est donc possible de devenir vraiment responsable de soi en prenant en compte nos messages visuels, auditifs, ou autres, non pour nous mortifier mais au contraire nous fortifier, construire, affirmer, pour aimer la vie, tout simplement .

L'objectif est, outre l'utilisation quasi permanente, l'observation des modifications, mais aussi des sous-modalités des représentations spécifiquement dans le contexte du tri des héritages familiaux avec l'outil de la colline aux aïeux.

Revenons au groupe et à Alexandra, qui, après avoir vécu sa propre sculpture, nous propose avec Stéphane son histoire, leur histoire, puis son témoignage sur les phénomènes vécus et ses impressions :

Alexandra est une jeune fille de vingt et un ans la première fois que je la vois. Elle est plutôt introvertie, et me consulte après avoir rencontré deux psychiatres. Le premier, derrière son bureau, ne disait pas un mot, et au bout d'un an, non seulement elle ne comprenait rien à son histoire et voyait ses symptômes (claustrophobie, agressivité, besoins compulsifs de ménage, disputes avec son ami) s'aggraver, mais en plus elle se sentait de plus en plus culpabilisée puisque incapable de trouver des solutions. Le deuxième, toujours derrière son bureau, lui dit dès le premier entretien qu'elle n'a pas de problème, et que tout ça n'est que passage d'adolescence. Elle en ressort avec le sentiment d'être incomprise, qu'elle ne s'en sortira jamais, et fait naître grâce à ça quelques croyances bien destructrices, au point d'aller jusqu'à une tentative de suicide peu de temps après.

Elle arrive donc dans mon cabinet, et est d'abord surprise de ne trouver aucun bureau et d'avoir face à elle quelqu'un qui parle.

De ses génogramme et anamnèse apparaissent des éléments importants. Son père, taciturne, introverti, est parfois devant elle avec des comportements incompréhensibles pour la jeune fille vis-à-vis de sa mère. Sa mère a des tendances hypocondriaques. Tous deux ne parlent pas. Alexandra est fille unique, complètement surinvestie dans le couple conjugal. Elle cherche constamment à comprendre, analyser ce qui est sous ses yeux, et cherche à en parler sans toutefois être entendue. Elle a du mal à imaginer sa vie loin d'eux, même si elle le souhaite ardemment. Son ami est charmant avec elle, il fait beaucoup d'efforts pour la comprendre et l'aider. Ils sont très différents, il est plutôt extraverti, ambitieux. Leur couple pourrait aller très bien si Alexandra n'avait pas ces angoisses terribles.

Je choisis de la voir seule au départ. Un travail avec un regard systémique de quelques semaines est instauré, avec de nombreuses tâches thérapeutiques dont elle s'acquitte avec le plus grand soin.

Son évolution est assez rapide. Alexandra est une agitatrice jamais reconnue. C'est une jeune fille intelligente qui a le sens de l'analyse et cherchait vraiment des réponses aux questions sur le fonctionnement de sa famille. Elle fait partie des agitateurs qui non seulement ont besoin de comprendre ce qui se passe autour d'eux pour être rassurés et commencer des changements, mais aussi de se faire plaisir quant à leur analyse des faits, soit en vérifiant leurs hypothèses, soit en les construisant avec leur thérapeute. C'est son modèle du monde, et il est enfin respecté.

Peu à peu elle change. Elle s'inscrit dans un stage ANPE de recherche d'orientation, commence à modifier ses relations avec ses parents, se sent de plus en plus adulte, confiante, elle s'investit différemment dans son couple. Bref, le travail systémique porte ses fruits tranquillement. Mais on n'en est qu'aux balbutiements.

J'ai besoin de vérifier l'écologie de son couple avec cette évolution, de visu. Son ami vient. Le rapport s'établit rapidement, c'est en effet un jeune homme charmant, plein de vie, attentionné pour elle. Il décrit le plaisir qu'il a à la voir ainsi évoluer, et à chaque rendez-vous ensemble ils échangent avec beaucoup de spontanéité. Agitateur lui aussi, il se réjouit de voir son amie trouver des réponses et aller mieux.

Mais…

Au bout de quelques temps le jeune homme exprime son vécu de façon très intéressante. Il décrit très finement comment, en plus du plaisir qu'il éprouve à voir Alexandra s'épanouir, il se rend bien compte qu'il se passe autre chose en lui : il se décrit déstabilisé, inscrit dans de vieux réflexes qui n'ont plus lieu d'être, comme par exemple d'attendre les foudres d'Alexandra s'il a mal rangé ses chaussures en rentrant à la maison, et parfois d'en être inquiet toute une journée, alors qu'il est conscient que maintenant, la foudre ne tombe plus que mollement, et l'orage est vite passé et oublié. Et de nombreux autres détails lui montrent à quel point il s'était adapté. Mais le stress que le changement a induit lui apparaît lié à une drôle de frustration : c'est comme si Alexandra lui avait enlevé un certain pouvoir, puissance peut-être même, et il se retrouve parfois comme en état de manque. Il dit y penser souvent depuis quelque temps, tout en trouvant formidable la progression régulière de son amie. Cela le perturbe et il ne veut absolument pas, ni en rester là, ni faire régresser son amie. En bon agitateur, il est soucieux de ceux qu'il aime, cherche à comprendre, à trouver des solutions.

Ce qui est assez extraordinaire avec ces deux jeunes gens, c'est leur capacité à exprimer tout cela avec suffisamment d'amour, de compréhension et de respect pour ne jamais se mettre en danger, mais plutôt s'entraider.

Alexandra avait bien raison : son changement, et l'équilibre de son couple, passait par la compréhension des faits..

Jusqu'à présent, ont été utilisés les outils de clarification d'objectifs, métaphores, génogramme, tâches thérapeutiques, outil de codépendance, panorama familial, sculptures, Talles de Menezes, dissociation, double dissociation, ancrages de ressources, outils du deuil, changements de croyances. Donc un mélange de systémie et de PNL.

Alexandra décide en juillet de cette année-là de participer à un premier groupe de travail avec moi. Ce stage va être décisif pour elle. Elle y vérifie non seulement le fruit de son travail mais aussi l'image qu'on lui renvoie, ainsi que toutes ses nouvelles capacités si ardemment engrangées depuis des mois. Elle y acquiert un peu plus de confiance en elle et en ressort à nouveau transformée, propulsée dans une nouvelle étape avec une joie de vivre qu'elle ne soupçonnait pas chez elle.

Alexandra sait que le chemin parcouru est loin d'être terminé encore. La conscience que l'état d'être humain implique une adaptation constante aux changements du quotidien est travaillée, bien sûr. Etre en train de réussir une thérapie ne signifie pas ne plus avoir de problèmes à gérer, simplement d'avoir, à partir d'un modèle du monde positif pour soi, de nouvelles capacités, la possibilité de traiter ce qui se présente, et de ne pas être intrinsèquement entamé par les aléas de la vie.

Aussi, à l'entretien suivant, Stéphane me fait part de sa difficulté à changer de rôle auprès d'elle. Elle n'a plus besoin d'un sauveur, et il réalise qu'il est tout désemparé devant la jeune femme qu'elle est en train de devenir. Elle lui plaît toujours autant, il se sent toujours aussi amoureux, mais simplement il ne sait plus ni comment être, ni quoi faire, et il est perdu. Alexandra est une « enfant-maman » qui a grandi et ne demande plus à son conjoint de jouer au « papa-sauveur » avec elle.

Un nouveau phénomène se produit alors : les postures s'inversent, il devient celui qui a des problèmes, elle devient le sauveur .

Il s'aperçoit qu'en fait, Alexandra, par ses symptômes, maintenait l'homéostasie de leur couple et permettait qu'il soit mobilisé par lui. Le risque était bien, en grandissant encore, qu'il soit amené à poser des questions gênantes dans sa propre famille. En effet, il ressent depuis toujours que quelque chose ne se passe pas comme il l'aurait souhaité. Il y a bien quelques problèmes qui traînent de ci, de là, et il a envie de savoir ce qu'il en est... Aujourd'hui son système familial est bousculé : il n'a plus le rôle d'agitateur aussi développé dans son couple, et aux yeux de sa famille cet agitateur évolue intra-muros, change de comportement et commence à poser des questions qui, bien que très pertinentes, n'en sont pas moins dérangeantes. Et personne ne comprend ce qui se passe, ce qui change, pourquoi ça change, tout le monde est perturbé par le nouveau Stéphane, que l'on avait cru plutôt gardien et qui se révèle fort agitateur.

Il repère très judicieusement les pièges que cela peut représenter pour lui, s'il entend la demande de sa famille de redevenir celui qu'il était auparavant. Il a tout à coup conscience que s'il change, il va devoir accepter le risque de changer l'équilibre général... Et en s'interrogeant sur cet équilibre, il sait bien qu'il est peut-être plus précaire qu'il en a l'air. En lâchant prise plus encore, il s'avoue très vite qu'il sent bien que les problèmes sont tout autant enfouis que dans la famille de sa belle. Mais tout autant qu'elle, il a un grand respect et beaucoup d'amour pour sa famille. Il ne sait pas par quel bout s'y prendre pour aller vers un changement personnel qui induirait un changement pour eux qui n'ont rien demandé, et surtout pas une thérapie. Finalement, s'il apparaît vite qu'Alexandra portait les mêmes symptômes que sa mère à lui, il était programmé pour reproduire les comportements de son père, mais ne le faisait qu'à moitié, mû par une envie de comprendre et changer quelque chose malgré tout. N'oublions pas que Stéphane est aussi un agitateur, même s'il avait senti passer près le vent des gardiens sur son berceau...

Les secrets, les problèmes enfouis, le manque de modèle de couple équilibré, les symptômes d'enfermement, de difficultés de communication, de dépression, la maladie, le repli sur soi, tout cela lui apparaît subitement avec des phénomènes de redondances sur au moins trois générations. Le travail est à la fois énorme et excitant : grâce à Alexandra, il prend conscience qu'il peut changer cela au moins pour lui, qu'il peut être celui qui va casser ces souffrances, en laissant la sienne apparaître, se traiter, afin de vivre autre chose et ne pas transmettre aux générations suivantes. La peur est présente, mais il sait qu'Alexandra l'accompagne et les résultats qu'elle a obtenus l'encouragent.

Alexandra :

A l'entretien suivant, Alexandra explique que ses symptômes sont en train de régresser. Curieusement, plus Stéphane se prend en charge par rapport à sa propre famille, plus Alexandra se sent libérée. C'est comme si elle s'était accrochée tant que lui ne changeait pas, dit-elle.

C'est à cette époque qu'Alexandra avoue une chose dont elle n'avait jamais parlé à personne : depuis très longtemps, elle rêve de travailler dans le milieu de la psychologie. Mais, consciente de ses limites et besoins d'alors, elle interprétait ce désir comme le simple besoin de travailler sur elle, ce qui était à l'époque en grande partie vrai. Mais Alexandra a de réelles capacités. Alors pourquoi pas ?

Elle décide de se renseigner. Ayant le niveau requis, elle pourra effectivement par la suite reprendre ses études pour se diriger dans cette voie.

Mais pour l'instant, la révélation est magique : balayant encore des traces de manque de confiance en soi, Alexandra relève son propre défi, annonce sa décision à son entourage, et se retrouve dans une extraordinaire énergie positive. Elle est physiquement rayonnante, moralement positive comme jamais, et active. La transformation est évidente, son entourage le lui fait remarquer avec étonnement.

La partie n'est pas gagnée, car ce n'est pas encore très écologique pour le système qui rétroagit sans relâche. La maman somatise et souffre réellement, appelant chaque fois sa fille à la rescousse. A sa grande surprise, les réactions attendues… se font attendre, Alexandra répond très gentiment qu'elle a sa vie à mener malgré tout l'amour qu'elle lui porte ! Ce qui ne l'empêche pas d'utiliser avec elle et pour elle ses compétences d'agitatrice, mais raisonnablement, ce que la maman comprend peu à peu malgré son corps souffrant, accepte, et peu à peu c'est toute la famille qui invente ensemble de nouvelles façons d'être pour répondre à ses besoins. De nombreuses expériences et de nombreux autres outils plus loin (nouvelles ancres de calme, confiance, squash visuel, travail sur les différentes parties avec négociations), c'est le couple de ses parents qui trouve de nouvelles solutions, ainsi que chacun pour les relations avec sa famille, courageusement. Bon, probablement pas définitivement dans son propre équilibre, mais au moins avec l'expérience d'une fille vigilante qui sait maintenant vivre sa vie sans eux, et qui leur a dit clairement qu'elle ne peut régler leurs problèmes à leur place. La relation à son père a évolué : ce n'est plus le personnage distant qu'elle croyait, il est peu à peu redevenu un papa à ses yeux, attentif et enfin reconnu par sa fille, à défaut de se sentir l'être pleinement par sa femme au départ, ce qui les avait décidés aussi, courageusement, à regarder cela en face pour trouver leurs solutions. La juste distance sera travaillée bien sûr. Et Alexandra pourra alors signifier à quel point elle est désolée face à ce couple conjugal qui a autant dysfonctionné, mais qu'elle s'occupera désormais seulement du couple parental qu'ils forment à ses yeux. Tout en sachant que, si elle se voyait répéter leur modèle (comme Stéphane le modèle de ses parents), elle serait vigilante aussi à ça. Le modèle de la colline l'a beaucoup aidée à ce sujet. Elle a pu trier ce qu'elle souhaitait, en pleine conscience, mettre en place sur son chemin personnel, et sentir ce qui s'installait « vaguement, en plus, malgré elle, quelque chose de bon et de bien pour son avenir ».

On le sait maintenant, les différents sous-systèmes ont des rôles et fonctions bien distincts, importants et complémentaires. Le porteur de symptômes a encore une fois ici évoqué métaphoriquement le problème familial : c'était au début en partie Alexandra, et surtout sa maman, avec son cortège de blocages dans son corps et sa grande douleur à communiquer. Les agitateurs (Alexandra et Stéphane) avaient entretenu l'énergie nécessaire à la recherche de résolution du problème et protégé les gardiens redondants malgré eux. Ceux-ci, de tout temps, maintiennent, développent et enrichissent les ressources du système : c'était ce que tentaient de faire les parents de Stéphane, le père d'Alexandra.

Et le travail se poursuit, peu à peu un nouvel équilibre s'installe, et chacun se sent plus fort, plus vrai, et tellement plus en relation avec son entourage...

« Des détails me sont revenus suite à notre discussion concernant les phénomènes que j'ai pu vivre pendant le stage, raconte par la suite Alexandra. Ce que j'ai ressenti en tout premier c'est qu'il y a en fait trois possibilités pour moi lorsque les rôles sont distribués et que la sculpture se met en place :

1. Je ne comprends rien à ce qui se passe pour moi, mais sans confusion, et je suis en posture d'attente tranquille.
2. Je ne comprends pas ce qui se passe, je me sens confuse, je ne sais pas pourquoi par rapport à ce qui est autour de moi.
3. Je ne comprends pas mais je sens que mon "personnage" est pour quelque chose à ce qui se passe tout autour.

Ceci est avant que je me sente réellement associée, dans l'histoire, et tout change par la suite, poursuit-elle.

Au début je suis d'abord Alexandra : par rapport à la description des personnages, des liens et de l'histoire de la personne qui fait sa sculpture, je fais automatiquement le rapport avec mon histoire. Que ce soit totalement conscient ou seulement en partie.

C'est pour cela aussi que l'émotion peut surgir pour moi avant même que le rôle soit expliqué. Je pense que je me conditionne sans le savoir, car je suis déjà convaincue qu'il y a quatre-vingt-dix-neuf chances sur cent que je me retrouve dans quelque chose d'important pour moi. En fait quand j'y repense je crois qu'on peut partir de plein de détails, de sentiments différents, quels qu'ils soient, le travail va se faire. On a beau prendre des chemins différents, on arrive là où l'on devait aller, c'est évident.

Par exemple, dans certaines sculptures, j'ai voulu absolu-ment contrôler ce qui allait se passer, parce que dans ce cas-là j'ai toujours le sentiment que je dois à un moment lâcher quelque chose qui me fait peur. Peur du regard des autres, peur de m'ouvrir. Et je sens qu'au fond de moi une lutte s'opère avec d'autres peurs plus lointaines, plus enfouies, qui m'appartiennent aussi : peur de l'inconnu, du changement, de la nouveauté, d'être différente de ce que l'on attend de moi ou de ce que j'ai toujours été. Je crois que plus je lutte contre cela, plus je me retrouve dans de la souffrance, et, en même temps, plus je bascule dans la peau de celui dont j'ai momentanément le rôle. Je ne suis plus seulement moi, mais multiple. Je suis aussi par exemple quelqu'un qui a un secret ou qui ressent des choses fortes mais qui n'a jamais pu les exprimer. Pour de multiples raisons, que je ressens de plus en plus précisément : par exemple une évidence d'alcool, d'obligation de se taire parce que l'entourage ne lui a jamais laissé la possibilité de s'exprimer ni d'être quelqu'un d'autre que "ça", cette personne alcoolique, frustrée de ne pouvoir dire pourquoi elle boit vraiment, mais répondant aux commandes de l'entourage. Cette frustration à la base, je la connais aussi, bien que n'ayant pas de problème d'alcool, mais ce n'est pas conscient au moment où je vis l'expérience. C'est dans ces moments-là que surgissent en principe les ressentis physiques : la côte cassée, le mal au ventre ou à la tête, les jambes paralysées. Symptômes qui ne m'appartiennent pas et qui, heureusement, disparaissent ensuite très vite. Mais cela rajoute de la confusion dans ma tête. Car je sens bien ce que je sens, et ce n'est pas à moi vraiment ! Et cela a un lien avec ce qui se passe autour de moi, ça, c'est toujours une évidence, tout autant que le fait que je DEVAIS m'en servir pour exploiter le vrai problème de cette famille. Alors, comment ai-je ressenti cette problématique-là qui se révèle toujours exacte, alors même que parfois la personne qui a posé son histoire ne la soupçonne pas ? Les deux histoires se sont croisées. J'ai reçu des informations. Elles ne sont pas à moi, ou pas tout à fait. Mais à cause d'une problématique identique, aurais-je pu un jour me réfugier dans l'alcool ou ce type de somatisations moi aussi ? Cela me questionne, et la réponse est d'évidence oui. C'est comme si les "âmes" de ces personnes m'avaient habitée un instant et cela se passe tellement vite que l'on n'a pas le temps de l'analyser, d'entendre des mots distincts. C'est après que j'ai réalisé tout ça. Mais ce que cela me fait pendant le travail est très curieux. C'est comme si j'étais "transpercée" par plein de sensations différentes, plein d'énergies différentes. Curieuses sensations en fait. Comme si des tas de combinaisons étaient possibles, des choix se proposent et se défont tout seuls jusqu'à obtention de quelque chose qui semble pouvoir tenir la route un peu mieux que le reste. Tout cela ne se jouant pas au niveau de la logique mais des ressentis. C'est comme s'il y avait des ajustements malgré soi qui s'opèrent, en fonction de ceux qui m'entourent, de leurs réactions sans se parler, de ce qu'ils semblent ressentir eux aussi, des sensations qui peuvent transpercer chacun à la vitesse lumière, sans qu'on s'en aperçoive vraiment. L'étonnant est que chacun semble dans le même état. Et quand ces ajustements bizarres se terminent, cela se ressent aussi. L'esprit redevient clair, les paroles fusent, une compréhension de ce qui se passe vraiment dans cette famille se fait, et pas par une seule personne, mais l'ensemble. Les sensations sont alors parfaitement différentes.

Les paroles sont justes, elles mettent tout le monde d'accord et vont dans le sens d'une organisation nouvelle potentielle-ment réalisable autour d'une problématique commune à la famille et excluant l'utilisation de bouc émissaire. Comme si tout le monde regardait quelque chose au centre qui pose problème à l'ensemble, avec la ferme intention de remédier à cela, dans une énergie enfin commune. Chacun peut alors y aller avec ses propres ressources, et on s'aperçoit qu'elles étaient complémentaires. Quelle satisfaction ! C'est comme si pendant tout ce temps tu nous accompagnais simplement pour nous aider à contenir tout ça, sans jugement, et en intervenant juste pour "accoucher" des ressources nécessaires au dénouement, ou un peu avant parfois, en provoquant le système pour faire émerger la problématique de fond, mais sans jamais induire un thème précis ni imposer quoi que ce soit. Le "maître de jeu" que tu es alors guide sans en dire trop, soutient, contient, provoque, bouscule parfois, mais toujours respectueusement.

Ce qui est incroyable dans cette histoire, c'est que l'on se retrouve embarqué dans une aventure, un tourbillon entre réalité, spiritualité si l'on y adhère, passé, présent, futur, à être soi-même ou à accueillir comme des âmes perdues qui erraient jusqu'à ce jour en attendant d'avoir un secours, un jour, la possibilité d'une sérénité, d'un travail, d'une mission enfin finie sur cette terre.

C'est incroyable d'avoir vérifié aussi, pour mon mari comme pour moi, comment tout a changé autour de nous depuis ce travail. J'ai l'impression que mes ancêtres (mais à quel moment cela a-t-il commencé ?) ont installé un schéma de famille peu équilibré au départ et qui s'est peaufiné avec le temps, et d'avoir redistribué à chacun une place et un rôle encore plus satisfaisants que ceux qu'ils avaient auparavant, et qu'ils vont pouvoir garder, pour moi en tout cas. De fait, c'est comme si cela m'avait autorisée à changer ma propre place.

J'ai osé.

Le seul problème, quand même, c'est que j'ai décalé le schéma de base et qu'il a fallu un peu de temps, dans la "vraie vie" ensuite, pour que cela se pose simplement et totalement, bien que le surprenant encore fut que c'est comme si les gens de ma vraie famille avaient fait ce stage, car leurs comportements avaient changé aussi vis-à-vis de nous (et pas seulement à nos yeux, sinon on aurait eu des doutes quand même).

Cela m'a fait l'effet suivant : imagine que ta mère, pendant des années, t'a servi une soupe horrible, mais que tu as toujours mangée pour lui faire plaisir autant que par peur de la contrarier. En plus elle t'aurait dit que cela faisait grandir. Mais imagine que maintenant tu as vingt ans, et tu fais un mètre cinquante ? Là, tu peux te dire qu'elle t'a menti. Ou qu'elle s'est menti. Alors, tu oses lui dire que sa soupe est positivement infâme et que, pour ton bien, tu refuses désormais d'en manger. Pour ta mère, cela remet peut-être en cause son image de bonne cuisinière, de bonne mère, et en plus elle doit faire face à une critique, mais tu l'as dit avec tant d'amour et de respect en recadrant surtout ce que signifiait cette sorte de soupe pour la famille depuis x générations que le message passe facilement, et la relation change avec ta mère, dans l'engrenage avec ton père, et le reste de la famille… Et toi, tu es soulagée car tu as enfin osé.

Et surtout tu es débarrassée de tes crampes d'estomac…

On n'imagine pas tout ce qui peut se cacher derrière une soupe !

Cela m'amène à repenser au rôle des métaphores. Je l'ai vécu comme primordial dans ce travail. Notre métaphore évolue tout autant dans les sculptures des autres que dans notre propre sculpture. On ne s'en aperçoit pleinement qu'à la fin, même si elle ressurgit en cours de travail avec des modifications évidentes qui se mettent en place, comme par flashes, comme si c'était devenu une espèce de puzzle dont les pièces bougent et évoluent au-delà de notre conscience. J'ai bien perçu que ce puzzle était à moi sans l'être, comme s'il avait une vie propre, et cela est très étrange comme sensation. Par moment c'est comme si le puzzle se mettait tout en vrac tout seul au fond d'un sac, puis comme si des images se cherchaient toutes seules. Bref, on ne dirige pas grand-chose là-dedans, mais ça se fait malgré soi. Chaque rôle a signifié une évolution de l'image, soit en transformant ce qui existait, soit en créant quelques nouveautés au passage. Chaque expérience enrichit la métaphore, bouge le puzzle. Ces rôles vécus de l'intérieur de cette façon-là, dans cette interface entre notre réalité et la réalité supposée d'un autre, avec toutes ces infos reçues comme ça, dans la justesse et la surprise de ce que l'on accueille malgré soi, sont d'une pertinence incroyable pour nous rajouter une foule de ressources que l'on ne soupçonnait même pas. Existaient-elles avant sans qu'on le sache ? Il paraît que oui… Mais alors c'était vraiment sans qu'on le sache… Et merci à ceux qui, involontairement, nous l'ont appris au passage ! Le résultat se voit lorsqu'on réexamine notre métaphore en fin de travail avec toutes ses évolutions. Et c'est surprenant. »

Merci à Alexandra, avec ses mots, ses croyances, son humour, sa sensibilité, elle explique magnifiquement bien tous les phénomènes vécus dans cette expérience unique…

5

Les différents groupes

Ce fut très étonnant lorsque les différents groupes commencèrent à émerger du travail. Ils apparurent tels des sous-groupes ayant chacun une tâche bien précise à accomplir, comme s'ils étaient chacun poussé par une force invisible.

Mais plus je les observe, plus ils se différencient très distinctement. Il y a toujours ces trois-là, avec chacun, une fois identifié, les mêmes tâches à accomplir, répondant invariablement de la même façon si on leur pose la question directement de ce à quoi ils servent, de leur mission, de leur fonction. Leurs comportements sont vite repérables et presque toujours identiques au départ. Analogiquement, ils se distinguent eux-mêmes spontanément, la plupart du temps, sans en avoir aucunement conscience, dès que la sculpture commence à bouger. Ils se regroupent, comme s'ils se reconnaissaient sans avoir besoin d'en parler, reculent pour ne pas se mélanger aux autres, se mettent à discuter entre eux de leurs fonctions et missions, créent une cohésion, s'isolent les uns des autres. Au bout d'un temps, on finit par avoir devant soi les trois groupes préoccupés chacun par ce qui les intéresse, sans forcément de liens entre eux. C'est très étonnant. Mais si on laisse faire, alors le système se bloque totalement, et c'est bien difficile d'en sortir ensuite !

Ce piège apparaît alors comme la réalité de ce qui se passe dans les familles : regroupement de « clans » lorsqu'un problème ne se résout pas de lui-même, rigidification des frontières, communication difficile et improductive, amplification des symptômes jusqu'à épuisement…

Et plus le système se scinde, plus les rôles se distribuent en se rigidifiant eux aussi.

Les trois groupes s'identifient ainsi : il y a les antennes, potentiellement porteurs de symptômes, (déjà bien repérés en systémie), puis les agitateurs, et enfin les gardiens. Avec le temps, les fonctions, missions, et comportements de chacun se distinguent de façon très évidente.

Les antennes montrent métaphoriquement le problème du système. Ils gardent l'attention sur le problème à travers eux, tant que celui-ci n'est pas réglé. Ils développent un symptôme dont l'importance est proportionnelle au problème de fond et au nombre de générations passées depuis l'apparition du problème. Ils sont centrés sur eux-mêmes, comme s'ils ne pouvaient pas se « trouver » tant que le problème ne serait pas réglé. Ils sont facilement dans la plainte, le rejet, et gardent par tout moyen l'attention des agitateurs.

Les agitateurs parlent du fait qu'il y a un problème qui a fabriqué le symptôme. Ils savent intuitivement qu'il s'est passé quelque chose dans la famille dont le résultat est le symptôme. Ils stimulent le système pour évoluer, cherchant par tout moyen à aider le porteur de symptôme à sortir de ses soucis, et se montrent très critiques envers ceux qui leurs mettent des bâtons dans les roues. Ils cherchent à comprendre, questionnent, lisent sur le sujet, courent à des conférences, contactent des spécialistes, cherchent à aider à tout prix.

A moins, lorsqu'ils sont désespérés d'y arriver, qu'ils ne viennent se retourner contre le malheureux qui devient alors leur bouc émissaire...

Les gardiens sont des gardiens du trésor : les ressources et les croyances et les comportements qui ont structuré le système sur plusieurs générations. Conservateurs, ils protègent le système de la pollution totale du problème de fond, et n'ont trouvé d'autres solutions que de remettre en scène indéfiniment les scénarios et les comportements de leurs ancêtres, confondus dans les équivalences logiques entre certains comportements et ce qu'ils souhaitent que cela représente. Ils gardent donc les ressources et les schémas , et sont là pour les transmettre. Ils rejettent l'idée que le problème appartient au système. Ils sont souvent très agacés par les gens qui ne vont pas bien et ceux qui leur « tournent autour ». Ils se tiennent le plus possible à l'écart de ces personnes, au risque de rompre les ponts dans la famille. Leur mission est si importante qu'ils ne peuvent pas se permettre d'en dévier. Ils sont là pour la survie de l'ensemble.

Les boucs émissaires sont utiles à l'homéostasie. Issus de n'importe lequel des trois groupes, ils renforcent la cohésion. Ils apparaissent dès que le système est en échec quant à sa recherche de solution face à un problème rencontré. Ce sont souvent les porteurs de symptômes, mais pas systématiquement. Ce sont aussi ceux qui ont été les plus perturbés dans l'échec de solutions, et leurs actes sont alors utilisés par le système pour créer un nouveau problème devenant une solution à l'obtention d'un nouvel équilibre. Il y a quelque chose chez eux qui les pousse au sacrifice, car c'est sûr, on ne risque pas de les aimer comme ça ! Mais ça marche... Le nouveau problème doit être plus violent que l'ancien, pour que l'on décroche de celui-ci. Mais il doit aussi en être isomorphe, et comme une métaphore de celui-ci.

Alors, le système se met à regarder « ça ». « Ça » prend vie. « Ça » fait vivre. « Ça » occupe tout le monde. On s'organise autour de « ça ». Et peu à peu on oublie le « ça » mais on continue à faire comme si. Une nouvelle génération apparaît, qui hérite de l'organisation, des croyances, des comportements induits par le « ça », tout en ayant oublié ce que c'est que « ça ». Mais sans avoir oublié forcément le bouc émissaire autour de qui s'est inventé le « ça ». Alors les croyances évoluent, les comportements s'adaptent encore, et un jour, on en arrive au point où l'on ne sait plus ce que c'est que « ça », mais on tourne autour, on s'en sert chaque fois qu'on en a besoin. C'est que c'est drôlement utile, un « ça », chacun a le droit de l'utiliser, et c'est au bout du compte comme un joker dans son jeu. C'est chouette, « ça »... Sauf que « ça » oblige chaque génération à choisir un nouveau bouc émissaire pour continuer à répartir les rôles comme on l'a appris..

On est alors bien loin de l'équilibre vrai. Ces trois groupes devraient cohabiter dans l'harmonie et l'énergie circuler en même temps que s'échangeraient les compétences et que s'articuleraient les différentes fonctions. Mais cela se passe seulement quand le système est à peu près en équilibre. Pour que cela puisse se produire, il faut que les traumatismes de la famille ne soient pas les plus puissants, et que les chocs émotionnels n'aient pas bloqué cette circulation d'énergie entre les différents groupes. En fait, on peut même imaginer qu'à l'intensité de la rigidification des frontières entre les groupes, on pourrait déterminer l'importance du déséquilibre familial et s'en servir éventuellement comme outil de diagnostic.

Le travail va consister alors à réintroduire la parole des agitateurs en recadrant, du symptôme au problème du « ça » d'abord, puis du « ça » au problème premier ensuite. Réintroduire aussi les ressources des gardiens auprès des agitateurs et des porteurs de symptômes, doucement, en respectant profondément chacun avec ses croyances, son modèle du monde, et en vérifiant ce qui peut en être fait en terme de comportements, et si cela peut convenir à chacun dans le système... Ecologie...

Pour ce faire, qu'il est utile le génogramme si l'on n'a pas le support d'un groupe ! Sur au moins trois générations, en resituant les différents groupes à chaque génération, en étudiant toutes les conséquences de ce qui se passe aujourd'hui, c'est un merveilleux outil. Cela permet un repérage dans la famille élargie, non seulement des différents groupes, mais aussi de la façon dont les compétences ont été agies, avec chacun ses particularités et son modèle du monde, et avec le maximum d'informations relatives aux mouvements de ces groupes à travers le temps, de leurs résultats ou échecs, de l'amplification éventuelle de leurs tâches respectives jusqu'à ce jour. Cela permet aussi de repérer la souplesse ou la rigidité mises en place, et de rechercher ce qui fonctionne le mieux pour le réintroduire aujourd'hui.

Le résultat est qu'en soutenant chaque groupe et chaque personne de cette façon, chaque groupe et chaque personne apprend également à se soutenir mutuellement et à échanger autour de ce qui fait, ou a fait, problème, au cours du temps, sans appartenir à personne, sinon au système, qui ne demande lui-même qu'à trouver ses solutions et résoudre ses problèmes, grâce à chacun.

PROCESSUS
Métaphore
Représentation subjective des affects et comportements d'un sujet dans un contexte donné. La métaphore contient toutes les ressources et limites du sujet.
Métaphore + Sculpture
Représentation subjective des affects et comportements d'un sujet dans un contexte donné. La métaphore contient toutes les ressources et limites du sujet. *ET* c'est au cours de la sculpture que se produisent les modifications majeures des affects, comportements, et des relations dans le système.

6

Les gardiens

Les gardiens d'un système sont ceux qui reproduisent des fonctionnements isomorphes à leur système d'origine, et souvent en niant les difficultés de celui-ci.

Leur fonction est donc de conserver les valeurs transmises, les comportements associés ou des équivalences logiques, et le fonctionnement familial qui a perduré depuis des générations. Pour eux, on ne change pas quelque chose qui marche. Même si ça marche de travers, même si c'est au prix du sacrifice d'un de ses membres si nécessaire.

Ce sont les gardiens du temple. Ils en confirment l'utilité en construisant, bâtissant grâce aux ressources acquises. Ils ont une orientation dans le temps qui est plutôt le passé, mais se croient dans une orientation « présent », ce qui déconcerte l'entourage. Ils dupliquent ce qu'on leur a appris en l'adaptant de façon plus ou moins heureuse aux contextes actuels. Pendant un examen, ils ont d'excellentes fonctions « magnétophone » et sont capables de redonner fidèle-ment ce qu'ils ont appris.

Leurs symptômes : la culpabilité (car ils sont ceux que le système a choisis pour « réussir »), la rigidité, les tendances à l'égoïsme .

Leurs qualités : ce sont des bâtisseurs, des silencieux, respectueux des traditions et consciencieux, ils sont construits pour entreprendre dans le sens de ce qu'on leur a appris, pour développer les ressources acquises, et pour veiller à leur utilisation. Ils sont là pour transmettre, donner du cadre.

Assurant la survie et la sécurité même si c'est dans le dysfonctionnement général, ils sont donc dans la logique de la prise de risque minimum, et de la répétition de ce qui avait fonctionné jusqu'à présent. Ils délèguent aux agitateurs le rôle d'innovation et de recherche de développement du potentiel et des ressources. Eux, gardiens du temple, sont là pour assurer le minimum vital du système en terme de développement. Ils conservent tout ce qui a existé comme ressources dans la famille sur des générations, même si ça n'est plus d'actualité, même si ça n'est plus adapté au contexte. Maître mot : la survie. Mais surtout sans rien changer, car plus ils avancent sans que le problème soit réglé, plus ils se rigidifient, et plus il leur apparaît que tout changement devient dangereux.

Une branche de gardiens sur plusieurs générations se rigidifie obligatoirement. Alors les postures deviennent insoutenables, et, sans aide extérieure, ce qui est souvent très difficile à accepter (cela signifie le changement potentiel, ce n'est pas leur rôle), ils génèrent des pathologies graves autour de l'enfermement et des peurs. Cela peut devenir un système qui meurt. Heureusement, la plupart du temps, comme ils sont isomorphes de leur système d'origine, leurs membres au bout d'un temps se répartissent les tâches, mais cela se fait dans de grandes douleurs. On y retrouve de petits agitateurs au départ, comme des soubresauts dans la famille, et souvent de grands porteurs de symptômes. Les redondances sur le transgénérationnel se mettent en place jusqu'à réaction d'un vrai bel agitateur émergeant ou d'un porteur de symptôme. Quand il n'est pas trop tard.

Ainsi une famille reçue en institution parce qu'un des siens développait une pathologie autour de l'autisme. La branche des répétiteurs s'était développée à l'extrême et la patiente de cet établissement en avait fait les frais, malgré toute la bonne volonté de cette famille qui croyait bien faire.

La famille vivant ensemble se composait des parents, avec les deux grands-mères (les grands-pères ayant disparu très tôt), leur fille malade placée en institution spécialisée dans la journée, et leurs deux fils célibataires de quarante-deux et quarante-cinq ans. Ils ne sortaient ni les uns ni les autres, ne recevaient personne (« Pas besoin d'amis, pourquoi faire ? »), et se nourrissaient principalement de ce qu'ils faisaient pousser dans leur jardin.

Ce qui leur permettait de ne sortir au supermarché que deux fois par mois. Il leur était très difficile d'accepter un rendez-vous dans le cadre du suivi de leur fille. Les psys, dans ces cas-là, doivent faire preuve de beaucoup de respect du fonctionnement pour ne pas être vécus comme dangereux, puisque leur mission est d'apporter du changement. Ce sont des agitateurs professionnels, quand même…

Le père me dit :

« J'ai toujours dit à mes enfants que ce n'était pas la peine de courir le monde. C'est dangereux. Il vaut mieux rester entre nous, comme nos parents l'ont fait, et les autres avant eux. On bosse ensemble, on vit ensemble, on se serre les coudes. C'est une question de survie. »

A ma demande de survie de quoi, l'air étonné, il me répondit :

« Le monde change trop. C'est pas bon . Nous on n'est pas comme ça . On n'a pas besoin des autres pour vivre. Aujourd'hui ça vaut même pas le coup de se marier et d'aller chercher quelqu'un qui ne sera pas comme nous et qui essaiera de nous faire changer. On veut pas de ça. Les garçons l'ont bien compris et ils en ont pris leur parti. C'est comme ça. »

Que dit ce monsieur ? Qu'on le laisse assumer sa mission, d'abord, et il le dit haut et fort, avec des mots choisis : le « nous » répétitif, la différence et le changement insupportables, la tribu inséparable, les valeurs fortes entérinées, alors qu'elles ne sont plus adaptées au contexte. Puis il dit que cette branche de conservateurs va jusqu'au sacrifice final : la fille est malade, dans leur esprit ne guérira jamais, les fils resteront seuls et coupés du monde, ils n'y aura pas de descendants, la famille est en train de disparaître.

Alors comment aborder les familles dont un membre porte un handicap, quel sens donner à ce symptôme si particulier ?

On a entendu des croyances concernant certaines familles où un enfant handicapé était apparu. Par exemple que la famille avait « fabriqué » une trisomie 21. Comment accepter une telle lecture , quand on est une famille déjà en souffrance…

Que dans tous les cas, une pathologie lourde apparue au cours du développement d'un individu ait un sens, soit dès le départ, soit en se développant, vis-à-vis du système, bien évidemment. Mais certaines interprétations concernant les handicaps de type trisomie 21, ou accidents de naissance imputables à des erreurs médicales ou à des manipulations incontrôlables par la famille sont parfois d'une violence inouïe. Et c'est fréquent.

Culpabiliser la famille par des relations de cause à effet et des lectures de pensées abusives n'a jamais été une ressource pour trouver des solutions à ces drames.

L'évolution de l'intensité des souffrances non traitées de générations en générations avec effet boule de neige n'exclut pas l'idée que c'est l'utilisation qui va être faite du handicap qui fait sens dans le bien-fondé de cette observation, non la création du handicap. Peut-être peut-on imaginer, par exemple, et à condition de le vérifier, que ce « symptôme » particulier va dédouaner le reste de la fratrie à cette encontre, ou bien éviter à la génération suivante de désigner un bouc émissaire pour porter les souffrances non exprimées du système, etc.

De très nombreuses familles sont aussi capables d'inventer des retournements positifs, en termes peut-être de réponses aux souffrances transgénérationnelles. Les travaux de Boris Cyrulnick et l'observation des phénomènes de résilience sont autant d'exemples de solutions différentes inventées par des individus face à des situations catastrophiques, que celles-ci soient événementielles ou contextuelles à long terme. Alors, pourquoi envisager parfois que seul un type de réponse passant par la souffrance existe face à d'autres souffrances, fût-elle la plus employée par les systèmes ? Comment le handicap serait-il LA réponse créée par la famille ou la personne ? Il me semble en tout cas plus juste de penser que le handicap est utilisé, si besoin est, pour cristalliser cette souffrance, mais qu'il n'est pas inventé en totalité.

Dans l'évolution d'un système en thérapie, on repère assez facilement les différentes phases : évolution, pauses, rétroactions, tentatives d'homéostasie, etc. Difficile par contre d'établir un cycle précis. Cela semble très aléatoire en fonction de la dynamique familiale et des éléments stimulants ou non du contexte. Bien sûr, on peut prévoir de toute façon que ces différentes phases existeront, quels que soient l'ordre, la durée, et le nombre. Bien sûr, on peut également repérer les ressources et limites qui, à chaque fois, surgissent avec quelquefois une régularité incroyable. Et donc il est nécessaire de s'en occuper avec soin.

Mais une question qui reste préoccupante est de savoir, ensuite, quoi faire de ces éléments pour que ce soit utile et utilisable. Il y a trop d'intervenants qui s'installent sur les bases de la critique, à cette étape-là, et il peut arriver d'« isomorpher » méchamment en les jugeant dans leurs propres limites d'interventions !

Quoi faire alors, et comment faire pour nommer, recadrer ce qui se passe sans blâmer ? La famille est parfois consciemment ou inconsciemment à une étape où elle manque de ressources pour se projeter vers une solution nouvelle, et ressert alors au thérapeute ses vieilles solutions.

On le sait. Il est important de savoir nommer simplement les choses et d'initier une nouvelle énergie grâce au système thérapeutique créé, sans s'arrêter au système familial. Il est possible dans ces moments-là de stimuler le maximum de ressources, quitte à travailler avec des ancres fantômes, et d'aider à construire un nouvel objectif de système, qui soit écologique, et avec des stratégies et étapes précises, des rôles jouables, respectueux des missions et capacités de chacun, où la futurisation est cohérente et porteuse de plaisir pour tous.

Plaisir ! Mot souvent oublié dans ces temps de travail ! Confort aussi, malgré les alertes et propositions de personnes comme Guy Ausloss à ce sujet… Plaisir et confort semblent pourtant être tellement importants à cultiver, principalement lorsque l'on en est à des étapes délicates, afin qu'une modélisation soit possible pour chacun, tant sur la forme que le fond.

Mais comment ne pas être jugeant avec les familles quand on travaille en institution par exemple, alors que cela semble être si souvent le cas dans la culture institutionnelle ? Comment utiliser les ressources plutôt que de ne voir que les limites et les handicaps ? Comment surtout éviter la curiosité malsaine d'aller fouiller dans tous les coins quand ce n'est pas forcément utile… Et éviter de transmettre des infos qui appartiennent à ce qui doit être confidentiel, faire du tri, savoir, avec quels critères, de quelle façon, quelles sont les questions à se poser par rapport à cela et éviter l'isomorphisme. Il apparaît chaque fois que l'on change de système et que l'on sait qu'une personne va être transposée d'un endroit à un autre et que, systématiquement, c'est comme si la famille allait se reconstituer autour d'elle avec cette fameuse énergie que l'on retrouve pendant les stages, avec ces rôles redistribués, ces inconscients qui se « mélangent »! Comment faire avec ce patient désigné, accessible, dans un système travail, ou foyer, etc. pour que ce rôle, cette mission, et tous les comportements associés, ne réapparaissent pas spontanément ? Comment aider la personne à cesser d'entretenir l'homéostasie du système et à développer de nouvelles compétences et comportements en renforçant des rôles avec bien souvent de la maltraitance, devenant ainsi un peu patient désigné, en faisant un peu plus ce qu'il faisait depuis toujours, et en étant un peu plus étiqueté dans ses compétences... de bouc émissaire. Comme dans la famille... C'est-à-dire, faire encore et toujours un peu plus de ce qui ne marche pas, là où l'intérêt serait de bouleverser l'ensemble et d'aider le patient désigné à développer de nouvelles ressources. Il est si important d'accepter de passer par un temps de chaos avant de reconstruire un nouvel équilibre, avant une autre histoire de vie, de système, avant d'autres ressources établies.

Et il arrive que certaines institutions utilisent les techniques non pour faire évoluer les gens ou les familles comme on pourrait le croire, mais pour renforcer leur propre pouvoir avec des données qu'il n'est parfois pas correct qu'ils aient à leur connaissance. Et souvent, la grande dispute est: comment faire le tri et faire en sorte qu'une personne ne soit pas, par isomorphisme, utilisée par un nouveau système, qui ne demanderait pas mieux, aussi, que de ne pas changer grâce à lui ! Ce serait alors entrer dans une autre forme de maltraitance qui consisterait à, plutôt que d'accompagner vers le mieux-être, croire accompagner dans le mieux-être, en ne faisant que déplacer le symptôme vers le nouveau système. Ce serait utiliser ainsi ses souffrances pour en effet renforcer une pseudo cohérence et un pseudo équilibre d'un autre système qui peut être aussi dysfonctionnel et avoir besoin de cette personne-là. Le problème est donc vraiment, dans ce cas-là, d'abord d'avoir suffisamment de recul pour apprécier ces éléments, puis de ne pas être participant au système, ou pris dans des enjeux institutionnels nécessitant l'utilisation de cette personne pour son propre confort !

Le mouvement pendulaire d'Andolfi, qui consiste à protéger le patient désigné en le retirant régulièrement du système thérapeutique et à le réintroduire sporadiquement, est bien évidemment utilisable dans de tels moments. Mais à condition d'avoir suffisamment de reconnaissance et d'assurance dans sa propre place institutionnelle, ainsi que dans le système thérapeutique ainsi créé, pour ne pas se mettre en danger, coincé soi-même entre deux systèmes « fous » se disputant le même bouc émissaire. Sinon… !

Il est évident que rejouer le rôle que le patient désigné a développé dans sa famille, mais au sein de l'institution, est le piège que l'on peut se proposer à cette étape, et l'intervenant de se retrouver classiquement dans la posture institutionnelle de celui qu'il protégeait dans le système thérapeutique ! Une vigilance de tout instant est indispensable, et l'affaire est d'une subtilité extraordinaire, puisque se superposent et s'entrecroisent deux systèmes, qui peu à peu, vont en former un troisième dans lequel l'intervenant remplace momentané-ment le patient désigné d'origine, le temps que celui-ci développe, avec son aide, compétences et nouvelles ressources personnelles et relationnelles. Vaste chantier pouvant demander des mois ou plus… Et la compréhension, sinon la « complicité », de l'institution. Ce qui relève parfois de l'illusion la plus totale, dans la pratique !

Ce qui apparaît malheureusement le plus souvent, c'est l'utilisation, à un moment donné, d'un phénomène thérapeutique, par l'institution, afin de réactiver la posture de patient désigné de l'intervenant qui isomorphe consciemment dans l'histoire de la famille, et ce pour le mettre en difficulté afin d'en faire un éventuel patient désigné… de l'institution. Le tour est joué ! Et l'intervenant de se retrouver alors dans la même posture institutionnelle que celui qu'il protège, développe dans sa famille ! L'isomorphisme est total, et si l'institution avait besoin d'être « sauvée » de quelques tourments, quelle aubaine ! Momentanée bien sûr… Et que dire de l'étiquetage du pauvre intervenant devenu par là même un des sauveurs de l'institution, utilisable en « bouc » pour l'avenir… De plus, celui-ci ne sera peut-être plus crédible, ni pour la famille, ni pour l'institution. Le risque majeur est, bien sûr, de perdre sa place, à moins que le patient désigné ne reprenne la sienne, lui dont la fonction majeure est la protection inconsciente d'un système, et l'on voit parfois ainsi, à certains moments critiques pour l'intervenant vis-à-vis de l'institution, les symptômes d'origines se réactiver violemment.

Mais il faut bien sauver tout le monde quand on est sauveur patenté...

Le pire étant que ça marche, que l'on en soit conscient ou pas... Et l'intervenant de reprendre sa place, et le « bouc » s'ancrant un peu plus encore dans sa posture et de nouveaux apprentissages de grand défenseur de l'humanité et des systèmes en péril, renforçant ses croyances, ses comportements, sa mission. Double échec, du thérapeute et du patient désigné. Ou double victoire du sauveur ?

Ceci est beaucoup plus fréquent qu'on ne pourrait le croire, et très simplifié : souvent, l'intervenant cesse d'intervenir et l'affaire est jouée...

A ce stade, ne pas avoir de supervision institutionnelle relève d'un travail de funambule ivre sur son fil entre deux montagnes... Il est pratiquement impossible d'avoir le recul nécessaire pour gérer de telles situations, l'isomorphisme est trop important. Il serait nécessaire de regarder les choses autrement, à la façon du fou du roi au joker qui observe le monde la tête en bas pour en découvrir un sens différent, mais allez donc rajouter cette gymnastique sur le fil du funambule ! C'est une énergie considérable d'utiliser ce qui a été au départ un comportement isomorphique de la famille pour en faire un comportement aidant en adoptant un autre point de vue, en se posant la question de ce que l'on va faire de ce qui est en train d'arriver, comme si on s'efforçait de regarder cela comme un vrai changement, et en agissant afin que le système le regarde en termes de changement, l'utilise en termes de changement, l'intègre en termes de changement.

Et la croyance est posée, utile et utilisable dans le sens du changement du système. A partir de ce moment-là, et quoi qu'il se passe, l'idée du changement fait que les différents événements et comportements personnels ou interactifs pourront être connotés autrement, et une énergie nouvelle pourra être mise en place. Prendre les événements qui surgissent alors et leur donner une autre signification que celle qui se serait établie spontanément auparavant, devient alors possible, afin de construire une nouvelle histoire de vie.

A cette étape, il est important de vérifier avec encore plus de vigilance ce qui se joue dans les endroits où le patient désigné est accueilli : travail, éventuellement foyer, vie sociale, etc. Ses comportements doivent être observés, surtout pas dans le but d'être dépistés comme déviants, ou identiques au passé, mais au contraire dans l'objectif d'une requalification positive, comme si on découvrait d'énormes différences par rapport à «avant». Des différences existent obligatoirement. Et c'est ce que la personne et le système vont en penser qui va faire la différence, et amener une autre image de soi et un changement relationnel.

L'autre danger concerne directement le patient désigné censé être protégé par cette manœuvre. Si l'on échoue, cela le place dans une crise encore plus importante. Mais selon les ressources et l'accompagnement, c'est utilisable aussi. Même si cela demande beaucoup de souplesse et d'adaptation. Quoi qu'il se passe dans la mouvance d'une thérapie, tout est vie, évolution, expérience, donc utilisable. Même en ce qui concerne des comportements répétitifs et jusqu'à présent limitants, l'expérience a montré qu'une connotation positive, suivie d'un recadrage en six points par exemple, permet de regarder les événements autrement, quitte à inventer un monde nouveau à partir de la même chose. Prendre quelqu'un où il en est, avec des actions habituelles, et tout à coup lui proposer une vision différente de ce qu'il a l'habitude d'en penser, en lui affirmant haut et fort que c'est là un véritable changement, cela produit bien souvent un réel épanouissement, à condition de savoir l'accompagner avec la croissance qui doit s'ensuivre.

Bien sûr, c'est travailler sur les croyances, ainsi que sur les processus de linéarité dans les causes-effets, et tout à coup on introduit la croyance que cette cause-là ne va plus produire le même effet. Quelle que soit la cause, qu'elle vienne de la famille ou de la personne ou de systèmes parallèles, on repère le processus isomorphique et l'on travaille sur la croyance que, cette fois-ci, la cause ne produira pas les mêmes effets. Et l'on programme un effet différent, une interprétation différente, et l'on calibre, afin de bien repérer ce qui est en train de se passer émotionnellement , qui y croit, comment, par rapport à quoi, quels sont les leviers qui fonctionnent et que l'on va pouvoir réactiver, sur quoi s'appuyer, quelles sont les ancres que l'on peut poser par rapport à cela, et comment on vérifie par une futurisation que la nouvelle croyance est bien installée. Il est important de repérer et de calibrer très finement tout ce qui se passe autour des leviers de changements et des ruptures de patterns que l'on peut induire avant de proposer une nouvelle croyance sur un fait ou comportement : une émotion particulière, une posture, une interrogation, des mots ou des faits observables. Le plus difficile est de le quantifier, mais encore une fois, tout est utilisable. Et, à la moindre modification de patterns, il est donc important de vérifier le *feed back* qui va surgir comme s'il mesurait l'intensité de l'intégration du contenu travaillé.

Les leviers de changements tels que les utilisations des interruptions de patterns sont alors fort intéressants. Spontanées ou provoquées, elles sont bien souvent extrêmement utiles pour mesurer ou vérifier les changements en cours. Il est donc important de contrôler ces changements en les accompagnant, de les quantifier, voire de les abandonner, si besoin est, jusqu'à ce que l'on trouve le ou les plus performants. En fait, de contrôler aussi si les gens sont vraiment dans l'interruption du processus, ou bien s'ils n'entendent pas, ne voient pas, ne sentent pas et continuent à vibrer sur leurs anciennes énergies malgré le travail en cours. Hélas, c'est assez fréquent que les gens soient dans la continuité de leurs processus internes sans avoir réellement accès aux changements qu'on leur propose. Il va donc falloir trouver un autre moment, une autre proposition, une nouvelle façon de jouer au fou et regarder le monde autrement, une nouvelle façon d'amener à voir que ce qui fonctionnait ne fonctionne peut-être plus, qu'autre chose est peut-être en train de naître . Et ce, jusqu'à ce que l'on trouve ce qui marche enfin. Il va sans dire que, dès que l'on a trouvé, dans la mesure où l'on a la possibilité de le faire, il est important d'aller vérifier que les processus sont stoppés aussi dans les autres systèmes où les comportements et utilisations étaient identiques. Le travail thérapeutique doit s'axer autour de ce nouvel état qui engendre de nouvelles croyances dans tous les contextes vérifiables, en fonction des écologies propres à chacun. Nouvelles clarifications d'objectifs à cette étape, avec le questionnement de : « Et maintenant, avec ce qui est en train de se passer, qui veut quoi, comment, pour qui, pour quoi faire, et comment saura-t-on ce qu'on a là, et que se passera-t-il ensuite pour le groupe et chacun… » et ceci dans tous les systèmes parallèles. La personne peut alors être regardée différemment, et les interactions évoluent.

Le travail ne fait encore que commencer... Il va falloir beaucoup soutenir mes gardiens qui ont du mal à changer, les agitateurs qui font des efforts pour que ça change, les porteurs de symptômes qui continuent peut-être de lutter contre, pas certains encore que ça puisse changer comme ça, et rattraper constamment ceux qui tentent de fuir... Bref, il faut beaucoup soutenir tout le monde ! Avec l'idée qu'une nouvelle cohésion est en train de surgir, qu'il va falloir en prendre grand soin, parce que c'est aussi un formidable espoir pour les générations qui suivent de ne pas avoir à continuer ces missions de cette façon, ces rôles, ces souffrances, mais d'être conscients que tout ce qu'ils sont en train d'agir eux-mêmes, avec ces processus interrompus et ces nouveautés-là, va pouvoir bénéficier aux générations suivantes. Responsabilisation.

Lourde tâche et responsabilité dont chacun doit être conscient, l'intervenant compris, à parts égales, pour l'avenir. L'intervenant, cet agitateur patenté, doit être conscient à ce moment-là de son affiliation à ses pairs agitateurs dans la famille, et se servir de cela pour induire une circulation d'énergie, d'information, de capacités à communiquer entre sous-groupes. Car à partir du moment où l'on prend la responsabilité d'induire un changement, c'est aussi notre propre système thérapeutique que l'on transforme, avec toute la boule de neige que cela peut signifier pour nous aussi...

L'art consiste en un recadrage, à la recherche de ressources pour faire face, en un développement de nouvelles compétences et comportements. Ce qui, somme toute, était probablement ce qui manquait à la personne et au système pour faire face aux situations délicates sans avoir besoin de « bouc ».

Rebondir comme dans la vraie vie. Initier le système à la compétence extrême : le développement spontané de ce qui manque au moment où on le vit : n'est-ce pas là le rêve possible d'un thérapeute idéaliste ?

C'est en tout cas lutter contre les stéréotypes thérapeutiques et sortir d'une forme de conditionnement et de « robotisation » du thérapeute et des thérapisants...

On peut accepter la croyance que, de toute façon, expliquer au fur et à mesure ce qui se passe (sauf bien sûr la dimension institutionnelle), est généralement bénéfique pour le système. Mais expliquer n'est pas s'étaler dans une foule de théories et conjonctures. Expliquer, pour moi, c'est donner du sens à ce qui se vit. Du sens par rapport aux généralités, aux lois des systèmes, mais aussi par rapport à leur histoire, en se rapportant au génogramme, aux mythes familiaux, et à l'histoire personnelle de chaque individu. C'est aussi ses croyances à respecter ou faire évoluer si elles sont limitantes, avec chacun sa mission éclaircie et recadrée, avec les interactions retravaillées, et la vérification quasi permanente des écologies systémiques et personnelles, ainsi que des futurisations.

Et ce n'est quand même pas un psy qui va être de taille à bouleverser des générations construites ainsi...

Mais revenons à Maurice.

35 degrés. Les serins du cap gazouillent dans les filaos devant la baie vitrée de la salle où nous travaillons. Le lagon s'étire paresseusement au fond. Le saree chatoyant d'Anuradha et la tenue pakistanaise de Liseby contrastent agréablement avec nos shorts et débardeurs... La climatisation ronronne.

Michel est étonné. Il en est à l'évolution de sa sculpture et ça ne se passe pas *du tout* comme il l'avait prévu. Une des caractéristiques des gardiens est d'avoir très souvent envie de prévoir et tendance à le faire, à leur sauce, ce qui DOIT se passer... Lui, le chevalier en errance, sait quand même quels sont les problèmes et les solutions. Ce qui l'entend le perturbe quelque peu. Il a pu exprimer le fait que ce qu'il entend dans sa famille, comme dans sa vie en général, c'est qu'il est là pour assurer la sécurité de son entourage, (chevalier oblige) qu'il a très envie d'utiliser et de respecter toutes les valeurs qu'on lui a enseignées, (chevalier oblige, bis) et que, oui, réussir est important pour lui, même s'il se sent un peu coupable de ça parfois. Bien sûr, il sait que sa petite sœur est malade (rôle joué par Noëlly, le mouton qui a perdu son troupeau et se sent isolé). La schizophrénie qu'elle développe depuis son enfance a accompagné sa vie. Il se sent un peu honteux d'ailleurs de ne pas s'en être occupé, mais c'est ainsi, comme si le temps passait trop vite sans lui permettre de faire autre chose que sa petite vie, avec ses valeurs et tout ce qu'il doit mettre en place par rapport à ça. Non, il n'a jamais pris conscience du fait qu'il pouvait y avoir un problème plus important que tout ce qu'il avait imaginé. Non, il n'avait jamais prêté attention à ce que disait son autre frère (rôle joué par Salim), qui lui, en bon agitateur, mettait pourtant beaucoup d'énergie à faire savoir qu'il fallait s'occuper autrement de cette petite sœur et que le développement de sa maladie n'était pas un hasard. Mais ce frère-là, qui passait trop de temps aux yeux de Michel à fréquenter les psys, l'agaçait un peu. Il ne pouvait pas avoir raison avec ses élucubrations, et lui, Michel, avait des choses plus importantes à faire : ses enfants, sa maison, sa carrière. Tout ce que les parents avaient enseigné. D'ailleurs, ses parents avaient toujours été d'accord avec ça (rôles joués par Patrick et Joëlle). Leur fille, c'était la destinée, personne n'y pouvait rien, même si ça leur faisait mal et très peur aussi. Que ce frère prétende le contraire était depuis toujours tellement farfelu, pour leur monde à eux, que personne ne lui prêtait oreille. Entre eux, ils se disaient même un peu inquiets : et si lui aussi était un peu « dérangé », sans que ça se voie ; il allait bien voir des psys parfois, ça prouvait quelque chose, quand même... Mais Michel devait bien avouer, de par la réaction de sa sœur en sculpture, de l'insistance de son frère, et des regards des générations précédentes, qu'apparaissait autre chose qui l'interpellait. Oui, disaient les grands-parents de chaque côté, nous, on sent bien qu'on y est pour quelque chose, et ça n'est pas très agréable (rôles joués par Anuradha, Stéphane, Michelle et Alain). C'est comme si elle nous mettait sous le nez une caricature des émotions qu'on a toujours voulu cacher. Oui, elle a raison. Elle le montre à sa façon mais on se reconnaît dans sa souffrance, c'est la nôtre en plus fort. On n'a pas su s'en occuper et on la lui a transmise sans le vouloir. Mon dieu, que faire maintenant pour la décharger... Michel demande alors ce que c'est que « ça ».

Et tout le monde de s'interroger sur le « ça ». On le figure par un coussin qu'ils échangent, touchent, cherchent à sentir, jusqu'à ce que le grand-père commence à ressentir des tremblements. Il dit soudain qu'il ne sait pas pourquoi, mais il pense tout à coup à la guerre, aux dangers, mais surtout à son absence avec sa femme seule à la maison. Aussi sa solitude d'enfant, élevé par une mère célibataire, avec tout ce que cela signifiait à cette époque. « Ça pourrait bien être dans le coussin, ce machin-là , dit-il. J'ai l'impression que je le sens sous mes doigts, c'est fou ce truc. » Il a l'air très perturbé. Sa propre mère (rôle joué par Hélène) intervient, et s'ensuit une discussion autour de ses émotions de femme et jeune fille, et fille, lorsque son amoureux de l'époque l'a abandonnée enceinte. « Mais non, dit la petite fille en éclatant de rire, Papy, tu sais bien que c'est moi qui suis folle… » Ce rire-là fait réagir tout le monde. Oui, c'est un rire bizarre, dérangeant. Comme si c'était important pour elle de ne pas lâcher son rôle de « folle ». Mais le grand-père ne se prend pas au piège et continue à interroger sa mère comme il n'avait jamais osé dans la réalité. Doucement, respectueusement, avec amour.

Cette solitude-là résonne bien pour la grand-mère, sa femme. Les larmes lui montent aux yeux. Mais elle se détourne, ne peut pas parler, se bloque de plus en plus. Alors l'autre arrière-grand-mère intervient (rôle joué par Monika). La solitude, elle aussi, elle a toujours connu. Même si elle l'a toujours caché. Mais peut-être qu'il est temps de se forcer un peu, de réussir à parler, plutôt que d'être toujours dans de faux-semblants. Et à ce moment, la mère de Michel éclate en sanglots. Non, elle ne veut pas qu'on parle de ça, c'est trop dur, ça fait trop longtemps qu'elle lutte sur ce sujet pour ne pas craquer, là il faut arrêter…

Mais c'est Michel qui intervient. Avec tout ce que ses parents lui ont appris, il découvre que la vérité est ailleurs, même s'il se sent tout à coup quelque peu extraterrestre avec tout «ça»… «C'est trop tard, dit-il, maintenant, moi, j'ai besoin d'en savoir plus. Cette culpabilité que je ressens depuis toujours, j'ai l'impression qu'elle est en lien avec ce que vous racontez. Comme si j'étais coupable de m'être bouché les yeux et les oreilles trop longtemps. S'il vous plaît, je veux vivre les yeux ouverts… Et je n'ai pas peur de savoir, vous m'avez enseigné de belles vérités, de beaux comportements ; n'ayez crainte, je me sens capable de les maintenir, de respecter tout ce que j'ai appris, et de comprendre d'autres choses maintenant. Plus de danger pour moi. C'est bon.»

Son frère le soutient. « Depuis le temps, dit-il, j'ai l'impression qu'enfin on s'intéresse à la réalité et qu'on arrête de faire semblant. Et plus vous en parlez, plus je me sens apaisé. J'ai besoin que vous continuiez pour moi aussi. »

Sa sœur s'énerve. « Arrêtez de discuter autour des choses, est-ce que vous allez enfin parler un peu plus de "ça", dit-elle avec colère en montrant le coussin ». Elle a raison. Ça n'est pas vraiment fini, en fait. Alors s'ensuit une discussion pleine d'émotions de femmes et d'hommes enfin reliés par une réalité au-delà des apparences. Ils peuvent s'écouter, se dire aussi ce qui est important pour chacun, s'entendre et décider d'en prendre acte et de le respecter dans l'avenir, à travers leurs comportements.

La sœur s'apaise. Elle a un air coquin tout à coup, mais limite un peu inquiet aussi. « Alors je n'aurai plus besoin de ressentir tout "ça" pour vous ? dit-elle en donnant un coup de pied malin dans le coussin... Franchement, c'est drôlement bizarre. C'est comme si tout à coup je me sentais délivrée d'un poids énorme ; comme si ma mission était terminée, avec l'envie d'y croire et en même temps de vous renvoyer balader au cas où vous me tromperiez... Parce que, franchement, je sens que je risque de me faire avoir et que j'ai intérêt à être vigilante, parce que vous pourriez aussi me faire le coup de ranger tout ça dans des tiroirs, et vite fait. Mais je ne vous laisserai pas faire, je serai toujours vigilante à ce que les émotions ne soient pas oubliées, moi, je suis une pro ». Et nouveau coup de pied dans le coussin tombé par terre...

Menace à prendre au sérieux. Un porteur de symptômes ne démissionne pas aussi facilement...

Quelques vérifications, ancrages, recadrages et autres interventions PNL et systémiques encore plus tard, Michel n'en revient pas de ses découvertes. Cela change toute sa vision du monde. Du coup, il s'interroge sur la solitude dans sa propre vie, se pose des questions sur ce que sa femme pourrait ressentir de cela (rôle joué par Liseby). Il se tourne vers elle, qui jusqu'à présent n'avait été que spectatrice. D'ailleurs, il ne savait même pas pourquoi il choisissait de la mettre dans sa sculpture, avait-il dit au départ. Bingo ! Elle baisse la tête et des larmes coulent. Oui, bien sûr, la solitude est une douleur depuis longtemps chez elle. Elle s'est si souvent sentie abandonnée, face à toutes les occupations de son mari. Comme seule au monde. Mais elle ne voulait pas le faire souffrir, pensant que cela venait de sa propre enfance. Oui, s'entend-elle dire, évidemment, il y a des liens avec son histoire, mais le fait que cela existe dans sa belle-famille ne peut que renforcer sa problématique. Et cela explique aussi le comportement de leur fille, qui a toujours peur d'être abandonnée partout et de tout le monde, et tombe à chaque chagrin d'amour dans un début de dépression démesuré du haut de ses dix-sept ans (rôle joué par

Alexandra)… Elle dit alors qu'il va falloir qu'ils prennent le temps d'en parler avec elle. Qu'il n'est pas question qu'elle reprenne « ça », en montrant le paquet… Michel, évidemment, est tout à fait d'accord.

La famille se rassemble. Physiquement ils se sont rapprochés au moment où ils commençaient à parler ensemble de leurs fonctions et comportements respectifs, comme si le système commençait à s'unifier enfin. Il y a un temps de silence spontané. Et tout à coup, comme si l'un d'entre eux avait donné un signal, ils se prennent spontanément dans les bras les uns les autres. Nouvelle émotion, vite modérée par la sœur, dans l'humour qui la caractérise aussi. « Oups ! Pas trop, va falloir apprendre en douceur siou plaît, faudrait pas y croire trop vite, quand même, hein ? », faisant rire tout le monde, mais cette fois d'un vrai rire franc et chaud…

Chaud aussi autour de nous. Moult interventions se sont passées, le travail a en réalité duré presque deux heures. PNL, systémie et autres amours ont engagé quelques valses légères ou endiablées jusqu'à obtention d'une écologie du système où tous se sont exprimés sur le fait que, oui, ce qu'ils ressentaient de l'autre était une réalité et un aboutissement dans ce qu'ils sont profondément, et dans la reconnaissance de chacun aussi. Les métaphores ont commencé à bouger, et déjà certains s'étonnent du fait qu'ils perçoivent des changements en eux et que, bien qu'ils pensaient être à l'abri de leur propre travail dans les sculptures, wahou ! disent-ils, ce n'est vraiment pas le cas et ils ont été bien bousculés, dans le bon sens. Trouvant ainsi déjà quelques réponses au-delà des émotions, ils n'en reviennent pas. Les regards sont devenus intenses, les gestes déliés et paisibles. Tout est congruent. Et après la colline aux aïeux qui va suivre, on l'aura tous bien mérité, dans les changements accueillis pour chacun dans l'expérience, les découvertes de ses propres émotions, peurs et ressources, ce bon bain sous le clair de lune mauricien… Car le temps est vite passé, et le jour est vite tombé sous les tropiques.

Qu'importe, on a toute la nuit pour se récupérer, se reposer, et… faire la fête : séga, rhum-coca et Briani obligent avec nos amis mauriciens !

7

Les agitateurs

La fonction des agitateurs : attirer l'attention sur le symptôme, dans l'espoir de traiter le problème qu'ils pressentent dans la famille.

Ils sont toujours présents, comme les autres, et se développent quand un système commence à être en grand danger parce qu'à la génération précédente, ou plus loin encore dans le transgénérationnel, un problème important n'a pas trouvé de solution. Les agitateurs sont en principe les vrais plus forts psychologiquement. Ils sont les seuls à avoir les bonnes ressources pour regarder la vérité presque en face et tenter de l'affronter, contrairement aux gardiens, qui, eux, ont des ressources pour continuer la survie de l'ensemble avec les valeurs transmises et les croyances associées et, outre le fait qu'ils n'ont pas la même mission, sont donc un peu moins armés pour affronter le problème de fond.

Ils sont là pour communiquer, former, expliquer, penser, chercher, et développent de grandes compétences quand ils respectent cela dans leurs choix professionnels. Ils savent utiliser ce qu'ils ont appris sans retrouver les formules précises. Ce sont des pragmatiques, constamment en recherche de solutions pour de meilleurs équilibres en tout. Ils ont une orientation dans le temps qui est plutôt le présent et le futur. S'ils revisitent le passé, c'est pour comprendre le présent et faire avancer l'avenir dans de meilleures conditions, mais sans s'y complaire.

Pour illustrer le groupe des agitateurs, voyons un peu avec Marc...

Les agitateurs de la famille de Marc s'agitent... Marc évolue avec une psychose infantile importante, et, malgré ses cinquante ans, en affiche à peine cinq d'âge mental. Il est capable de violences physiques et se débrouille aussi pour se faire maltraiter, principalement par son père. Sa sœur aînée présente aussi des incapacités majeures, ne travaille pas et vit recluse dans son appartement. Elle est la deuxième porteuse de symptôme de la famille. La plus jeune par contre va très bien avec son mari et ses enfants. Assistante sociale, elle a une vie professionnelle et sociale épanouie, un couple sympathique et des enfants équilibrés. Agitatrice autant que faire se peut, elle se dévoue à son frère et sa sœur, et la société au passage si besoin. Elle n'accepte pas les injustices et analyse très bien ce qui s'est passé pour en arriver là. Elle s'agite vraiment autour de ces deux-là, contacte médecins et psys pour les aider, et a conscience que si ça ne finit pas à cette génération-là, ça continuera avec les suivantes, et elle veut, entre autres, protéger ses propres enfants d'une souffrance potentiellement transmissible. Elle a aussi conscience que pendant ce temps, ses cousins, eux, ne développent aucun symptôme et que ce n'est pas un hasard, car, libérés par cette branche porteuse, ils peuvent se comporter en gardiens bien dans leur peau sans risque.

Elle repère bien l'un des problèmes : la soi-disant « mésalliance » des parents. Son père, jeune homme instruit issu d'une famille très aisée d'un contexte intellectuel, est tombé fou amoureux de la fille du boulanger du quartier. Bien que sa mère soit furieuse après lui, il l'épouse. Son père semble peu impliqué dans l'histoire, plutôt distant.

Sa jeune femme, très soumise à une mère dragon, a grandi avec un père effacé et aigri, et elle quitte cette famille soulagée, libérée, et, en même temps, réellement follement amoureuse de son prince charmant.

Si les pères capitulent vite face à cette situation, le père de monsieur, au passage, vite séduit par cette belle et douce jeune femme pleine d'attentions spontanées et charmantes pour lui en toute innocence et gentillesse (ce qui ne manque pas de mettre de l'huile sur le feu avec son épouse), les mères crient haro sur le baudet, chacune aussi fort qu'elle peut avec son propre enfant, tout en se détestant mutuelle-ment. Mais au moins, chacune pour ses raisons, elles sont d'accord sur l'essentiel : cette union n'est pas *normale.* Le père de madame, lui, plutôt flatté par les circonstances, reste distant.

Se mêlent à cela, à cette époque, quelques difficultés professionnelles et financières pour le jeune couple, qui se retrouve alors bien malmené et perdu dans ses repères. De la souffrance apparaît entre eux, qui va servir de première brèche à l'équilibre du système. Les deux premiers enfants naissent dans ce couple fragilisé où aucun des deux n'a de capacité à résister à sa propre mère malgré une légère alliance avec le père. Leur développement est encombré, de façon encore plus flagrante lorsque leur deuxième enfant, fragile à l'instar de sa famille, commence à développer une psychose importante. Il est devenu métaphoriquement la fragilité des parents et la violence qu'ils subissent. Le système bouc émissaire se forme entre ces deux premiers enfants, car la deuxième commence aussi à avoir des troubles du comportement. Le troisième enfant apparaît. La métaphore du problème étant suffisamment exprimée, cette petite fille se voit dotée d'une autre mission : le combat. Elle se développe avec plein de ressources. Elle est la seule à en avoir autant et doit absolument résister car le monde s'écroule autour d'elle : la solution de maman pour échapper aux problèmes est la maladie jusqu'à la mort, la solution de papa est de se tourner vers d'autres femmes, et trop vite aux yeux de la famille, qui n'a pas compris que dans ses repères, la force, ce sont les femmes, et il a besoin de force pour survivre. Et il commence à développer de la violence avec ces deux enfants, trop symboliques de son impuissance et de l'histoire.

Pendant ce temps, les deux familles d'origine ont abandonné depuis longtemps, aucune ne se reconnaissant dans cette folie-là, et se sont tournées vers leurs autres enfants, normaux, eux... gardiens tranquilles, blâmant de cœur les conjoints « rapportés », agacés par les symptômes apparus, ils s'en servent pour justifier le fait de couper les ponts avec ce sous-système « père -enfants » fous. Avec « ces gens-là », ce n'est pas possible d'avoir des relations, disent-ils... Prétexte à faire tranquillement leur vie de leur côté dans l'illusion que les problèmes n'existent plus et qu'eux ont développé toutes les capacités pour réussir leur existence, et personne par chez eux ne risque à leur yeux de développer ce type de problème, ils sont les héritiers des qualités de leurs parents...

Revenons à Maurice.

36 degrés très exactement. La climatisation bat son plein. Il est quinze heures. Le déjeuner chez le Chinois a un peu tardé, mais en savourant son *ourite* au gingembre, nos papilles nous ont influencés pour le lui pardonner.

Salim est « en scène ». D'origine tunisienne, sa culture est différente de la culture mauricienne, et quelque peu de la nôtre aussi. Il craint, m'a-t-il dit, ce qu'il pense devoir être une adaptation à mon modèle. C'est vrai que pour l'instant, les Mauriciennes ne se sont pas encore lancées… J'ai souri, sachant bien que quelle que soit la culture, la trame est identique, seules les croyances et les règles familiales changent, ce qui ne pose généralement aucun problème. En cela, lui ai-je expliqué, il n'y a pas d'adaptation, tout fonctionne de la même façon avec ce regard-là. A-t-il évacué ses craintes ? La suite nous le dira…

Sa famille a été positionnée par lui d'une façon qu'on pourrait nommer très fusionnelle. Ils sont tous groupés autour de la mère (Alexandra), accroupie et le regard fixé au sol, tandis que Salim a les bras autour d'elle et tente apparemment comme de la « protéger ». De quoi ? De qui ? Peut-être du grand-père paternel (Patrick), là-bas, seul dans son coin, vers qui tous les regards se tournent, et qui croise les bras d'une façon péremptoire, tête haute et corps rigidifié… Bon. Et Salim nous a dit dans sa métaphore qu'il est un aigle pris dans du ciment et cloué à terre.

La tension monte vite. Salim craque. Au signal, il laisse exploser sa colère, se retourne contre ses deux frères (Stéphane et Michel), commence à les invectiver. Très vite, Michel, sans un mot, lève les yeux au ciel et s'écarte, les bras en l'air, comme abandonnant la partie, tandis que Stéphane commence à répondre à son frère. « Mais qu'est-ce que tu veux tout le temps à lui tourner autour comme ça en m'éjectant, alors que je suis là aussi pour la protéger ? Tu n'en as pas assez qu'on soit constamment en bagarre tous deux pour savoir, de nous deux, lequel la protégera le plus ? » Salim a l'air furieux. Il répond : « Tu crois que tu la protèges vraiment alors que tu es toujours parti ? Si je n'étais pas là, il y a longtemps qu'elle serait morte ! ». « Tu exagères toujours, dit la grand-mère maternelle, (Joëlle), ma fille n'est pas si faible que ça ». « Laisse-la, répond son mari, (Alain) c'est pas nos affaires, elle est adulte, elle doit se débrouiller maintenant ». Une dispute s'ensuit entre Alain et Joëlle. Alain s'écarte, finissant par dire « De toute façon, ça, c'est des histoires de bonnes femmes, moi j'ai autre chose à faire... »). Et il rejoint la grand-mère paternelle, (Anuradha) qui s'était subrepticement retirée du jeu sans un mot. « Tu ne trouves pas ? » lui dit-il. « Moi, répond-elle, c'est pas mes affaires, j'ai autre chose à faire dans la vie, entre le boulot et le reste... ». Joëlle souffle, se retire elle aussi du jeu, rejoignant ces deux-là. «Ah ! Quand même, dit Alain, tu la laisses tranquille, elle va s'en sortir, c'est comme ça chez nous, tu vas voir, on est assez forts pour continuer même quand il y a des problèmes». L'autre tante maternelle, (Hélène), immobile jusqu'à présent, rejoint alors ses deux frères et s'exclame : « Ça ne peut plus durer comme ça, il faut que ça change, moi j'en ai marre, depuis toujours j'essaie de faire bouger les choses, mais lui, là-bas, dit-elle en montrant le grand-père paternel dans son coin, personne n'ose l'affronter, vous ne voyez pas que c'est tout de sa faute ? ». A ce moment, la tante maternelle (Liseby), éclate en sanglots. Tout le monde se tourne vers elle, tente de savoir ce qui se passe, mais elle ne dit pas un mot, gémit de plus belle, et tout à coup se laisse glisser par terre et ne bouge plus, refusant de répondre à toute sollicitation. Tout le monde s'affole autour d'elle. La mère de Salim la rejoint, prend doucement sa tête sur ses genoux en s'asseyant par terre, et murmure simplement : « Chut ! ». Et soudain, c'est comme s'ils étaient tous figés par ce « chut » si doux. Plus personne ne bouge. Ils se regardent, l'air perdu. Un instant, le temps est suspendu. Je me décide à intervenir, le système est suffisamment en crise et l'on a déjà plein d'infos.

A cet instant, les sous-systèmes sont dessinés.

Les agitateurs, Salim, Stéphane, Hélène, se sont retrouvés côte à côte, proches de la tante et de la mère. Salim d'abord s'est positionné comme tel. Il a agi, encore et encore, ne réussissant qu'à faire monter colères et violences entre lui et son frère, agitateur lui aussi, comme s'ils se disputaient la place tout en ayant grand besoin de s'y mettre à deux pour y arriver. Puis, comme j'ai fait se taire Salim, la grand-mère tente une percée, puis se retire à son tour, puisqu'elle n'est pas une vraie agitatrice, et c'est la tante qui prend, très activement, le relais, réussissant à faire quelque peu bouger le système, mais pas dans le bon sens, apparemment, puisque tout se fige très vite. Ces solutions ne fonctionnent pas. Il est fort probable que chacun essaie exactement ça dans leur vraie vie. Salim, face à cette analyse, sera d'ailleurs stupéfait de la justesse des réactions, de l'ordre dans lequel cela s'est déroulé, et de l'intensité à chaque fois, et du résultat. « Oui, c'est exactement comme ça que ça se passe », dira-t-il.

Les gardiens, Anuradha, Michel, Alain, Joëlle, forment un autre groupe physiquement bien distinct du premier, et loin d'eux. Mais le père nous a quand même donné une information : « Ça, c'est des histoires de bonnes femmes ». A retenir et on verra plus tard… En tout cas, on a au passage quelques belles croyances, comme « Chez nous, on est assez fort pour continuer même quand il y a des problèmes »…

Les porteuses de symptômes, Alexandra et Liseby, sont très reliées, dans une posture bien particulière, et à terre. Elles montrent peut-être quelque chose qui « parle » d'enfermement sur soi, de silence (« chut »), de pleurs, d'abattement peut-être, de quelque chose qu'il ne faudrait pas voir (elles ont toutes deux les yeux au sol). Ce sont pour l'instant les hypothèses que je construis et vérifierai par la suite.

Le bouc émissaire, dont on ne sait pour l'instant à quel groupe il appartient, est seul, isolé, et n'a absolument pas bougé. Il dira plus tard qu'il aurait pu rester ainsi, dans cette position saugrenue, bien plus longtemps encore, sentant qu'il lui était impossible de bouger tant qu'il ne s'était pas passé quelque chose de fort pour débloquer la situation, comme si cette posture ne dépendait pas de lui et qu'une force extérieure le maintenait malgré lui ainsi.

Que s'est-il passé jusqu'à présent ? Le système a été représenté tel qu'il se conçoit habituellement : les enfants entourant la mère, très centrale et en souffrance, tandis que gravitent plusieurs personnes désireuses de bien faire mais vite mises en échec, et que le bouc émissaire ne bouge pas le moins du monde. Dès que les agitateurs se sont mis en action, en se disputant après que le premier gardien ait été « recadré » dans sa fonction, une gardienne (la grand-mère) a tenté une faible approche, mais a été elle aussi recadrée dans sa fonction par son mari, très gardien dans ses propos et comportements. A ce moment, on peut remarquer une constante : lorsqu'une personne sort de son rôle habituel, tout simplement parce qu'une partie d'elle adhère à un second rôle, elle oppose très peu de résistance lorsqu'elle est recadrée par l'un de ses pairs. Comme si, se reconnaissant dans une loyauté et une appartenance importantes, il n'était pas vraiment possible de transgresser, en tout cas pas si simplement que ça...

Et, homéostasie oblige, on se retrouve alors avec un système rigidifié, en crise parce que quelque chose est quand même nommé...

C'est donc le moment effectivement qu'un thérapeute fasse son entrée !

Salim étant un agitateur patenté, je lui propose d'abord de bien vouloir ne pas trop intervenir pour la suite et d'accepter d'être un peu spectateur. Cette précaution vaut pour tous les agitateurs, tellement programmés pour intervenir (mais avec les solutions qui arrangent le système effrayé, c'est-à-dire celles qui ne marchent pas !), qu'ils participent ainsi à l'homéostasie. Je vais demander aux porteuses de symptômes ce qu'elles veulent nous montrer en agissant ainsi, si elles en ont une petite idée. Pour ce faire, je m'approche doucement et m'assois près d'elles, analogiquement ainsi à leur niveau, espérant créer une synchronisation. Il se passe un certain temps avant que l'une d'elles réagisse. C'est la tante. Elle commence par me dévisager. Puis elle me demande : « Qui êtes-vous, madame ? ». Tout le monde autour éclate de rire. Mais je reconnais là un besoin des porteurs de symptômes de vérifier qui sont ceux qui tentent de les approcher, de les comprendre, et, résistant à mon envie de rire, je lui réponds que je suis la thérapeute choisie par la famille pour tenter de comprendre et peut-être de changer quelque chose que je ne connais pas dans cette famille. J'ajoute que je n'y comprends rien et que je vois bien qu'elles nous montrent toutes deux quelque chose, donc que j'ai besoin de leur aide. Elle se met d'abord à sourire, et me dit « Thérapeute, encore ? Pas grave, il en a épuisé plus d'un », tout en me montrant du menton le grand-père, toujours statufié dans son coin.

« Et tu sais pourquoi ? demandai-je.

« Je ne sais pas vraiment, mais je crois qu'il n'est pas si méchant que ça. »

Je lui propose de se lever, si cela lui convient, en lui demandant de m'accompagner pour l'approcher. Elle commence à se lever lorsque sa sœur se met à s'agripper à elle sans un mot. Et elle a beau faire, impossible de la décrocher. Je me penche vers elle et lui demande si c'est important pour elle d'essayer d'empêcher sa sœur de s'approcher du grand-père. Elle fait oui de la tête. A-t-elle peur que le grand-père lui fasse du mal ? Oui à nouveau, mais toujours sans un mot. Lui a-t-il jamais fait du mal à elle ? Là, elle hésite un moment, regarde sa mère longuement, celle-ci ayant l'air très perturbée, puis revient du regard vers moi et fait non, cette fois le visage souriant. Je lui demande si elle pense me faire confiance pour surveiller le fait que le grand-père ne fasse pas non plus de mal à sa sœur. Elle me fait oui de la tête à nouveau et lâche sa sœur, reculant pour s'appuyer au mur de façon plus confortable enfin. Je note que c'est la première fois depuis le début qu'elle semble pouvoir s'offrir du confort et un peu de détente. Il me semble à cet instant que j'ai de nouvelles informations. Le grand-père est vécu comme dangereux mais il n'aurait pas fait de mal à la porteuse de symptôme « en chef », et peut-être pas non plus à la seconde porteuse. Mais le coup d'œil à la grand-mère me fait penser qu'il me faudra visiter cette relation pour en savoir plus… Plus tard. Pour l'instant, j'accompagne Liseby vers son père. Il lui faut une ancre de sécurité pour y arriver. Quand nous sommes près de lui, il commence à s'agiter. Son bras tombe. Il souffle, s'appuie au mur, passe sa main sur son front à plusieurs reprises. Et enfin nous regarde. Alors, avant que Liseby ne parle, et pour la protéger au cas où, je parle à sa place.

« Que montrais-tu ainsi du doigt ? J'ai l'impression que ce sont tes filles. .

Il fait non, ne parle pas non plus. Puis cache son visage dans ses mains. Sa fille se met à parler. « Comment ça, ce n'est pas nous, mais moi j'ai toujours cru que tu nous menaçais, j'ai toujours tremblé, comme ma sœur… ». Et elle se met à parler, parler… Quelqu'un d'autre qu'elle se tait, son propre père, et elle a retrouvé la parole. Elle parle de ses angoisses de petite fille, de ses attentes d'un papa comme les autres, de ses silences à lui, encore et encore. Et plus elle parle, plus il se cache le visage, et tout à coup explose : « Arrête, ça fait trop mal, ce n'est pas toi que je montrais du doigt, ni ta sœur, c'est ta mère, c'est elle que j'attends, que je regarde depuis toujours, mon attention à jamais tendue vers elle, qui s'en fiche. Elle a même refusé le mariage, ça veut dire quoi si on s'aime, est-ce qu'on s'aime si on refuse de se marier ? Pourquoi ne voulait-elle pas de moi ? ». Il s'écroule, en pleurs, se laisse tomber au sol.

C'est une famille qui tombe, me dis-je.…

Le groupe des porteurs de symptômes s'enrichit donc d'un nouvel élément
: le père. Porteur d'une souffrance qu'il n'arrivait pas à exprimer, qui parlait
de sa difficulté de communication avec sa femme et probablement d'incom-
préhensions mutuelles, cela bloquait la famille qui, ne comprenant pas, le «
déguisait » en bouc émissaire, interprétant ses silences de souffrance comme
des menaces. Salim, en bon agitateur, a tenté constamment d'intervenir, ce
dont je l'ai retenu avec toute mon énergie... Il ouvre la bouche à plusieurs
reprises... et la referme en me voyant réagir par un sourire, comme un code.
Si je le laissais faire, le risque serait trop grand qu'il réoriente le système vers
les mêmes interprétations que par le passé, ramenant en boucle des solutions
inopérantes, entretenant des croyances négatives. Il dira plus tard que c'est
bien parmi ce qu'il l'a le plus aidé, cette énergie à le retenir, et que ce fut là
pour lui un réel apprentissage : se taire, et, ce faisant, se protéger de ce que les
autres, dans leurs bonnes intentions, risquaient de faire de ses interventions.
Et surtout apprendre à être spectateur. Et ça, c'est une vraie découverte pour
lui. Il savoure. Découvre. Teste. Se fait avoir. Accepte les recadrages. Finit
par me regarder avec une pointe d'humour, un doigt sur la bouche qui s'ouvre
parfois encore bien toute seule. Quelle indépendance cette bouche, quand
même !

Le père est donc par terre. Je me tourne vers ses propres parents et leur
demande ce qu'ils en pensent. Ils réagissent durement. C'est une mauviette,
disent-ils, il a toujours été comme ça. Toujours ? Non, finalement, peut-être
pas. En fait c'était un petit garçon très courageux, avant. Mais avant quoi ?
Avant que son père perde son emploi, que sa mère soit obligée de travailler,
elle qui venait d'une famille aisée et n'était pas préparée à ça. Et c'était quoi, «
ça » ? Elle répond à voix très basse que c'était un déshonneur pour sa famille,
qu'elle avait eu l'impression de les trahir en se retrouvant dans cette situation,
qu'elle avait entendu son père dire un jour que son gendre était un bon à rien
et qu'il regrettait de lui avoir donné sa fille en mariage. Elle pleure, disant
qu'elle n'avait jamais osé le dire à son mari mais portait cela comme une
blessure profonde. Le mari n'en revient pas. Il est en même temps furieux
contre ce beau-père, lui pour qui l'honneur est si important aussi, et qui a
passé tant de temps et d'énergie à retrouver une belle situation tant pour sa

famille que pour lui. Il est furieux que ça ait fait souffrir sa femme à ce point, peiné qu'elle se soit tue depuis toujours, et puis il comprend, fait tout à coup le lien tout seul : le « secret » de sa femme, son silence, le silence de son fils, et « ça », cette histoire d'honneur, et l'honneur de son fils, sa belle-fille souffrant en silence comme sa femme.

Effectivement, c'était bien « une histoire de bonnes femmes », une histoire où les femmes, bonnes au demeurant, se taisaient de leurs douleurs d'honneur pour leur homme, chacune…

Cette maman et femme, la mère de Salim, l'avait aussi compris en même temps. Tout à coup elle avait été mise en accusation par un porteur de symptôme qui s'était autorisé enfin à prendre la parole parce qu'un autre membre de son groupe avait établi cette nouvelle règle, et que personne n'avait réagi pour la faire taire.

Or elle fait partie apparemment, si je me fie au groupe qu'elle a rejoint, des gardiens. Il va falloir en tenir compte, et après une ou deux explications de forme, s'intéresser aux valeurs qu'elle se doit de conserver pour le système, respecter sa mission pour ne pas la mettre en difficulté, et trouver ensuite avec elle comment agir dans ce sens mais avec des équivalences logiques un peu différentes !

Dès qu'elle est ainsi nommée, elle réagit avec un mouve-ment de recul. Puis elle se tourne tout de suite vers ses parents. Son père répond alors à sa place. « Mais qu'est-ce qu'il raconte, celui-là, quand il ouvre la bouche, c'est toujours la même chose, pour se plaindre. Tu parles d'un homme, une vraie femmelette ! Je te le disais, il ne vaut rien. Heureusement que tu ne l'as pas épousé, tu aurais déshonoré notre nom ». Alexandra, qui déjà se voûtait depuis quelques instants, se courbe un peu plus encore à ces mots. C'est que le père vient de proclamer quelque chose du trésor, contre lequel elle n'a pas le droit de résister : l'honneur du nom, de la famille. Vite, une agitatrice pour lui porter secours. C'est Hélène qui se précipite. Normal ! Elle remet alors en question la façon de le concevoir, cet honneur qui pourrit la vie de sa sœur, et, elle le sent bien, de ses neveux aussi. Salim m'échappe. Mais là, je le laisse faire. Il rejoint sa tante et la soutient avec véhémence. Non, il n'en veut plus lui non plus, c'est « ça » qui, en effet, sclérose tout le monde, fait peur et envie, c'est « ça » qu'on ne sait par quel bout attraper, ni quoi en faire, comment s'en servir alors que les choses ont tellement bougé à notre époque. C'est « ça » qu'il faut changer, détruire à jamais, avant que ça détruise tout le monde comme ça a commencé à détruire la faille en amont, en détruisant la relation d'amour de ses parents. Il parle, parle, ah ! ça lui fait du bien que je le lâche... Il était temps ! Et j'ai laissé faire, c'était effectivement le moment, car si les agitateurs doivent parfois apprendre à se taire, ils doivent tout de même pouvoir s'exprimer à bon escient, non pour apporter des solutions, mais pour exprimer leurs ressentis et leurs besoins. Le groupe de gardiens s'est reformé, comme en position de combat ! Normal, ils sont tout de même bien attaqués, et ce ne serait ni correct ni efficient de les laisser ainsi. Alors j'interviens, proposant qu'ils sachent se servir de toutes ces ressources en terme de ressources, non plus de limites. C'est-à-dire qu'ils vont réétudier le comment ils proposent à tous de nouvelles utilisations de ces ressources-là.

Et comme on en est à l'étape de l'établissement de vraies solutions, il se passe ce qu'il se passe à chaque fois : les frontières entre les différents groupes se sont abolies spontanément. Il n'y a plus qu'un groupe dans lequel circule la parole, les idées, les propositions autour du « ça », le recadrant, le voyant non plus comme un ennemi mais comme un ami effectivement structurant dans bien des cas. Il y a un moment que je n'interviens plus. Ils agissent et réagissent en s'écoutant, se respectant. Les parents ont pu formuler leur désir d'être reconnus et respectés en tant que couple. La mère a préalablement réagi très fort en s'imposant enfin en adulte face à ses parents, qui, ma foi, après la première surprise, ont fort peu résisté à cette nouvelle fille qui applique de cette façon la règle de l'honneur (« On ne s'abaisse pas, chez nous, ma fille », a dit sa mère en levant fièrement la tête). Les grands-parents maternels ont même pu exprimer ensuite leur fierté enfin face à cette fille qui ne passe plus son temps à pleurer et à baisser la tête.

Salim est très ému. Il prend conscience, dit-il, que plus il en faisait pour faire changer les choses, plus il se battait contre des moulins à vent. Alors que maintenant il sent bien que cela a profondément changé en lui en voyant d'autres réalités se mettre en place. C'est comme s'il était libéré. Comme s'il n'avait plus peur, ni pour sa mère, ni pour les autres, ni pour lui. Comme s'il pouvait envisager enfin de construire sa propre vie, maintenant que le code d'honneur a changé de forme et qu'il a enfin accès aux douleurs qui avaient perturbé cette valeur si importante pour lui aussi, au point qu'il ne s'autorisait pas à laisser sa famille dans l'embarras pour s'occuper de lui. L'aigle n'a plus les pattes prises dans du ciment, il dit spontanément qu'il se sent léger et prêt à prendre son envol maintenant. Et ce faisant, il sautille sur place sans s'en apercevoir et c'est Monika qui se met à rire en le lui faisant remarquer. Tout le monde éclate de rire...

Un petit tour sur la colline pour une ultime expérience, mais chut ! Nous verrons cela plus tard...

8

Les antennes

Les antennes sont nécessaires à l'équilibre et à l'homéostasie des systèmes, et cela n'est pas nouveau. Ils y participent activement et amplifient leurs symptômes à chaque risque de change-ment, bien sûr. Ils savent fabriquer, créer, montrer, mais sans expliquer. S'ils passent des examens, ils démontrent peu, vont droit au but, mais ont un cerveau droit très développé et sont capables d'envoûter leur entourage par un charisme étonnant. Leur orientation dans le temps est plutôt le présent. Ce qui importe c'est l'ici et maintenant, dans le corps et l'esprit. Ils sont facilement antennes quels que soient les contextes : ils ressentent intensément les émotions présentes, sans toutefois pouvoir les expliquer. Ils ressentent au point de capter dans leur corps ce qui se passe autour d'eux. Ils peuvent par exemple facilement « sentir » la douleur des autres et sont plutôt empathiques très spontanément, mais sont classiquement en P1 dans les positions perceptuelles en PNL.

Mais qu'en est-il du lien subtil qu'ils mettent en acte avec les autres sous-systèmes ?

C'est ce que m'évoque par exemple Sophie dès le premier entretien. Jeune fille révoltée et nommée associable par son entourage, elle exprime immédiatement le sacrifice dans lequel elle a conscience d'être, vis-à-vis de ses parents qui auraient bien du mal avec leur vie de couple s'ils restaient seuls, et de son frère à qui on fiche une paix royale pour qu'il quitte la maison parce que « la petite » les préoccupe assez comme ça. Sophie a donc bien repéré la fonction de son symptôme. Mais malgré ce bon diagnostic, rien ne bouge et chacun exprime sa réalité en se sentant totalement démuni de ressources.

Au-delà de son diagnostic premier, elle exprime aussi le fait qu'elle se sent de plus en plus devenir objet de sa famille, de ses parents qu'elle sent en risque de divorce.

« Je ne suis pas une balle de ping-pong » dit-elle. Elle n'est plus une enfant, mais explique aussi qu'elle ressent cela depuis fort longtemps.

L'enfant qui se trouve dans ce cas est souvent placé en conflit de loyauté. Il n'est plus libre de ses actions, de ses sentiments, de ses pensées, mais mis dans l'obligation de répondre à une commande de l'un des parents, voire des deux.

Ceci se produit presque toujours sans que le ou les parents en soient conscients. Chacun est animé des meilleurs sentiments avec comme croyance majeure qu'il fait du bien à son enfant en se conduisant ainsi. Mais l'enfer est pavé de bonnes intentions. Et l'enfant se retrouve objet pour son bien. C'est ainsi. Pour le « protéger », lui « dire la vérité », lui « faire comprendre la situation », on le manipule sans le savoir et sans le vouloir. Cela commence souvent très insidieusement par une conversation banale où quelques «infos» commencent à filtrer, comme presque « malgré soi ». Hop ! Ça a échappé. La graine est semée. Elle grandira nourrie d'observations interprétées selon la direction donnée, de lectures de pensées, de nouvelles infos partagées avec celui où celle qui avait semé la graine, et la plante grandit, grandit, grandit. C'est une liane, elle enserre, elle étouffe, elle ligote, on ne peut plus s'en dépêtrer, on confond le semeur et le nourricier malgré lui, on en meurt parfois.

Mais pas toujours... Rassurons-nous quand même !

Sophie y a échappé. Voyons où elle en est...

A ce niveau, on pourrait penser que Sophie étant le patient désigné, les parents sont agitateurs et le frère gardien, conservateur silencieux.

Oui, et non.

Introduisons la génération précédente en séance. Immédiatement les jeux changent et un court instant de crise se produit. Chacun cherche sa place, les regards sont interrogateurs, voire suspicieux, inquiets. Sophie, elle, est devenue étrangement sereine. C'est comme si pendant ce court temps elle était dégagée de tout poids. Elle observe, sourit, semble émotionnellement dissociée jusqu'à ce que le système soit installé, que les personnes aient pris leur place, que les postures soient entérinées, et que l'ensemble ait forme, exprimant leur « réalité », leur carte du monde. Alors les émotions de Sophie se transforment. Si je l'interroge à cet instant, elle est complètement réassociée à ses émotions négatives comme dans les pires moments.

Mais que nous dit le système en cet instant ?

Voilà comment nous avons fabriqué les sous-systèmes, voilà par quelles interactions (jeux de regards, déplacements, missionnements, etc.), nous sommes passés, et, à chaque étape, voilà comment, souvent par manque de choix, nous avons dû inventer la meilleure « composition » possible jusqu'à ce que l'on trouve un pseudo-équilibre dégageant pour nous le maximum de ressources utilisables. Mais pas pour tous, hélas. C'est la loi de la jungle, en quelque sorte, et certains le paieront malgré tous leurs efforts. Enfin, tant qu'on aura pas testé de meilleur équilibre.

En tout cas, tout était inscrit, sous nos yeux, dans ce début de séance, étape par étape.

Sophie n'a pas intellectualisé tout cela. Elle l'a simplement agi.

Lorsqu'on avait uniquement les parents et le frère, on pouvait donc définir ce système tel que ci-dessus. Lorsque les grands-parents, oncles tantes, sont apparus, le jeu a été très différent et l'héritage familial a été mis en évidence, avec ses forces et ses faiblesses, et toutes ses tentatives d'organisation et réorganisation pour survivre aux adaptations difficiles et tout simplement aussi aux aléas de la vie.

Cela a aussi bouleversé les croyances dans la famille. Or concrètement, un travail sur les croyances est beaucoup plus long et précis dans les préalables qu'on pourrait le penser. Une croyance, qu'elle soit annoncée spontanément dans le fil de la conversation, ou activement recherchée en toute conscience, a peu de chance de surgir sous sa version « définitive ». Si on la travaille telle qu'elle se présente, on peut se heurter à deux obstacles majeurs.

Le premier, c'est que la croyance annoncée n'est pas forcément la représentation exacte du ressenti de la personne, linguistiquement parlant.

Le second, c'est qu'un train peut en cacher un autre. La première croyance qui apparaît est en fait la partie de l'iceberg qui commence à peine à émerger. Elle a besoin d'être travaillée, vérifiée, et la plupart du temps on constate qu'elle est agie par une autre croyance, plus importante, souvent plus générale et puissamment agissante que la première, et dans de nombreux contextes. Cette croyance pouvant, d'ailleurs, être elle-même le maillon d'une chaîne de croyances qu'il peut être important d'investir jusqu'à l'obtention de celle qui, peut-être, est le premier maillon de cette chaîne.

Concrètement, le travail a toutes ses chances d'être utile quel que soit l'outil choisi si l'on est au bon maillon...

Françoise :

Autre exemple, celui de Françoise. Françoise est une jeune femme handicapée mentale vivant dans un foyer et travaillant dans un CAT. Elle a un passé assez terrible dans une famille éclatée, défavorisée et à transactions très violentes. Victime elle-même de violences de tous ordres, y compris sexuelles, objet de chantage, persécutée, elle est extrêmement déstructurée et pose des actes où elle rejoue des scénarios connus, y compris avec les ingrédients de violences.

Regardons maintenant l'organisation du foyer depuis son arrivée. Elle est la septième et dernière arrivée. Auparavant, deux femmes se disputaient la première place, quatre hommes étaient en retrait.

Un foyer de personnes handicapées est un lieu où se côtoient des porteurs de symptômes. Les groupes sont bien obligés de se reformer pour trouver un équilibre. Les porteurs de symptômes les plus marqués, les plus puissants, forment le nouveau groupe de leur catégorie. Le groupe d'agitateurs est formé par, en principe, les éducateurs, rejoints par les résidents qui possédaient cette partie-là en eux de façon plus marquée que les derniers, qui eux, deviennent les nouveaux gardiens, pour les mêmes raisons que précédemment. Bien sûr, si chacun se retrouve dans un contexte ordinaire, c'est sa traditionnelle place de porteur de symptôme qui ressurgira spontanément.

Nous sommes tous en fait habités par ces trois possibilités, liées à des parties de nous qui émergent plus ou moins. C'est aussi ce qui fait que la communication va être possible avec les autres groupes. En portant ces capacités, même embryonnaires, en nous, nous sommes peu ou prou en résonances avec ce que les autres groupes nous proposent, ce qui nous permet en principe d'écouter, de comprendre, de respecter les différentes demandes. Si nous étions totalement enfermés dans un des groupes, comment serait-il possible que la parole circule et qu'un nouvel équilibre se crée ?

Revenons à Françoise. Dans le foyer, les handicaps étaient divers. Un certain équilibre régnait, l'ambiance était plutôt agréable. Françoise a perturbé le groupe en arrivant. Son histoire et le comportement associé ont fait qu'elle a très vite occupé la première place, prenant beaucoup d'énergie, au passage, aux éducateurs.

Ceux-ci ont été différemment touchés par ses comportements. Mobilisés par sa détresse ou irrités par sa violence ponctuelle parfois retournée contre elle avec des tentatives de suicide, les résonances personnelles étaient importantes chez chacun mais ils les utilisaient peu, se laissant par là même manipuler par le système dans sa globalité plutôt qu'agissant avec des objectifs de solutions, devenant plus des gardiens résistants que des agitateurs consciencieux… Donc plus Françoise craquait, plus les éducateurs s'épuisaient, rebondissant de tentatives en tentatives peu efficaces en fin de compte, malgré tous leurs efforts et de nombreuses réunions autour du « cas Françoise ». Et bien sûr, plus les résidents souffraient de cette attitude face à laquelle ils étaient totalement impuissants, malgré tous leurs efforts à eux aussi. Tous ? Non, pas vraiment…

Mais pendant ce temps…

Pendant ce temps, les deux autres femmes, celles qui avaient la première place avant Françoise, avaient créé au départ une coalition contre l'ennemie qui leur volait la vedette. Dans le groupe des porteurs de symptômes officiels, elles sont maintenant détrônées par un nouveau chef. Mais, ce faisant, elles restent tout de même vedettes, avec des seconds rôles non négligeables dans lesquels elles peuvent s'installer avec une sérénité jusqu'alors inconnue chez elles. Il y a quelque chose de très confortable dans ces nouveaux statuts. Françoise porte spontanément tant de souffrance qu'elle les décharge. Elle focalise l'attention et cristallise toutes les angoisses, rôle qu'elle connaît depuis l'enfance. Les deux femmes ont alors tout intérêt à ce que cela continue ainsi. Bien sûr, aucune des deux n'a conscience de ce phénomène. Mais le nouveau système est si avantageux pour elles que, passées les premières frayeurs, elles se mettent tout naturellement à entretenir Françoise dans son état pathologique à chaque fois qu'elles en ont l'occasion. Or, on voit bien pourtant qu'elles sont apparemment pleines de bonnes intentions pour elle. Mais, pas plus que les éducateurs, elles n'arrivent à leurs fins, pour d'autres raisons inconscientes que ceux-ci. Il a fallu pas mal d'énergie et de travail pour changer cela. C'est le groupe des gardiens, qui, une fois contacté, apporte les solutions. Ils expriment leurs valeurs pour le foyer, expliquent leurs comportements de recadrages, à leur façon. Les éducateurs sont réellement surpris de vérifier combien ceux-ci sont sensibles à chaque changement. Une fois repérées, travaillées, redonnées les missions de chacun, une nouvelle manière de communiquer s'installe peu à peu dans ce foyer. Chacun devient plus attentif à ce qu'il est capable d'apporter à la communauté en restant à sa place. Les rôles ainsi répartis et respectés, ils apprennent à s'interroger les uns les autres quand ils s'aperçoivent que ce dont il est question est plutôt du ressort d'un autre groupe, d'une autre personne en particulier. Leur handicap, hormis les plus importants, ne sont même pas un réel problème pour exprimer cela. Chacun le fait à sa façon, avec ses capacités, son comportement métaphorique souvent, son vocabulaire. Cela semble extraordinaire de les voir fonctionner comme ça. Un équilibre différent est né.

Alors on peut en conclure que l'équilibre et la recherche d'intérêt n'ont rien à voir avec le niveau, la culture, les capacités... L'autre nous sert à exister, quel qu'il soit, quelle que soit la relation, avec toutes nos singularités, toutes nos loyautés, quel que soit le groupe auquel on se relie plus ou moins spontanément.

Mais revenons à Maurice.

Séga, rhum-coca et Briani ont bien rempli leur fonction relaxante hier soir et, bien que sagement (ou presque !), rentrés nous coucher de (presque) bonne heure, les yeux sont tout de même un peu tirés ce matin.

Et Noëlly est en larmes. Elle, le mouton qui a perdu son troupeau, se sent isolée comme jamais. Sa sculpture est à peine posée, dans le temps de silence. Elle ne bouge pas mais c'est un vrai fleuve. Puis le signal est donné pour agir et réagir, et personne ne sort de sa posture, ne change son regard, n'ouvre la bouche pour parler. C'est l'immobilité totale. Elle va durer encore un certain temps. J'attends qu'un agitateur fasse son boulot. Noëlly, bloquée dans son symptôme, participe apparemment à une homéostasie puissante entre les différents groupes. Car de l'extérieur, c'est comme si on pouvait s'attendre à ce que ça dure très longtemps. Les visages sont impassibles, personne n'a l'air de fatiguer. Ils attendent. Moi aussi. Le seul élément en mouve-ment, ce sont les larmes de Noëlly qui coulent, coulent, coulent… Et grâce à elles, il va enfin se passer quelque chose. Noëlly, au bout d'un temps, sort son mouchoir. Et là, tout va très vite. Comme si elle avait donné le signal d'un mouvement possible, tout le monde s'agite dans tous les sens. Pour éviter de m'y perdre, je prends un peu de recul. Que se passe-t-il ?

Simplement les groupes se forment. En deux secondes, trois mouvements, les gardiens se sont rassemblés sans un mot dans un coin de la salle, les agitateurs sont autour d'elle et parlent tous en même temps en se bousculant. Ils veulent tout savoir, pourquoi elle pleure, qu'est-ce que ça veut dire, est-ce que quelqu'un lui a fait du mal, de quoi a-t-elle besoin, etc. Mais ils en font trop et Noëlly n'en peut plus apparemment de leurs questions. Pendant ce temps, les gardiens se sont gentiment mis à papoter entre eux. Ils échangent sur la météo, le décalage horaire, les nouvelles du pays aux infos, bref, semblent totalement déconnectés de ce qui se passe juste à côté d'eux. Mais ils sont très actifs, commencent bientôt à plaisanter, des fous rires fusent, ils ne se soucient en aucun cas de ce qui se passe tout près d'eux pourtant. Ils font de plus en plus de bruit, joyeux, en se tapant sur l'épaule au passage. Au point que Noëlly, qui commençait à se calmer un peu, n'arrête pas de les regarder, et semble perturbée, puis à nouveau éclate en sanglots puissants. « Marre », crie-t-elle tout à coup, en repoussant les agitateurs.

Tout le monde s'arrête à nouveau. L'immobilité reprend comme au départ, sauf qu'on a sous les yeux maintenant une autre organisation dans l'espace.

J'interviens. Je m'approche et la questionne, lui demandant ce qu'elle ressent et ce qu'elle nous montre ainsi. Elle relève la tête, l'air surpris. Et répond qu'elle ne comprend pas. Aïe, j'ai dû aller trop vite, peut-être qu'elle n'était pas tout à fait prête. Je lui demande de se concentrer et de nous dire, les yeux fermés, ce qui se passe en elle. Elle le fait. Les larmes reviennent. Je comprends tout à coup que j'ai questionné Noëlly, pas le symptôme. Je reprends et lui demande de préciser ce que ses larmes nous montrent. Là, elle rouvre les yeux immédiatement et pointe un doigt vers le groupe des gardiens. Sans un mot. Et me regarde. Je la regarde. On se regarde. Pas longtemps. Je lui demande si ses larmes sont en rapport avec ce groupe-là. Elle fait immédiatement oui de la tête. L'un des agitateurs se met à parler. Dit qu'il sait. Que tout le monde sait, mais que ces hypocrites, là-bas, font semblant de ne pas savoir, ça les arrange. Et c'est quoi « ça » ? Pour l'instant, c'est sans doute un peu trop tôt pour en parler, et un autre agitateur vient à sa rescousse en disant qu'il vaudrait bien mieux s'occuper de Noëlly que d'aller chercher par là-bas. C'est elle qui souffre, dit-il, pas eux. Ce faisant, il attire l'attention des autres qui commencent à adhérer à son projet de s'occuper de « la petite »… Que nenni ! Je les dégage doucement après avoir négocié des équivalences logiques par rapport à leurs croyances du moment concernant la situation, et reprends avec Noëlly là où en était notre début de conversation au sujet des gardiens. Ceux-ci semblent un tantinet gênés que je revienne à la charge. L'un d'eux s'exclame même qu'elle est folle, qu'elle a toujours été comme ça, à pleurnicher pour rien, et qu'ils ont autre chose à faire que de s'occuper de ça. Tiens, me dis-je, le « ça » revient. On va s'en occuper bientôt, promis !

Mais il semble maintenant urgent de les contacter différemment et de rechercher leurs valeurs avant de continuer, sans quoi, la communication serait bien mal engagée. En effet, ce faisant, ils se calment et commencent même à être fort intrigués par l'hypothèse que peut-être Noëlly montre quelque chose qui pourrait les étonner dans le sens de l'intérêt général, l'équilibre et la connaissance de soi. (J'ai repris là certaines des valeurs qu'ils ont annoncées tout à l'heure).

Retour à la demoiselle. Elle est nettement plus calme, et dira plus tard que cette étape l'a surprise et apaisée. Quoi, ces gens-là, qu'elle considère depuis toujours comme hypocrites et méchants, ont donc en eux des valeurs communes avec elle ? Cela semble tout à coup incroyable et digne d'intérêt, et elle a très envie de connaître la suite.

Les agitateurs tentent à nouveau d'intervenir pour « le bien » de Noëlly. Nouvelle interposition après de nouvelles négociations. Noëlly semble jusque-là le seul porteur de symptôme de sa famille. Cela se révélera exact par la suite. Point de concurrence, tout à porter à bout de bras, tout le poids sur elle, comprit-elle ensuite... Mais que porte-t-elle ? Il est temps de parler de « ça ». Tout le monde semble attentif. Un coussin va représenter « ça », posé par terre entre eux. Ils sont maintenant tous en rond, les uns à côté des autres, à observer « ça ». Les agitateurs posent alors la question : qu'est-ce que c'est ? Noëlly le regarde et les larmes peu à peu reviennent doucement. Oui, elle sent bien que c'est ce qu'elle porte depuis toujours et qui pèse tant dans sa vie. Oui, elle sait que c'était à elle de le prendre. « Oui, oui, oui », crie-t-elle tout à coup en s'en emparant et en le serrant contre elle, tout en s'enfuyant de côté. C'est à nouveau la cohue. Chacun se précipite vers elle, tentant de le lui arracher tant bien que mal. Pauvre coussin. Il y perd bien quelques plumes avant que j'aie le temps d'intervenir ! Mais il résiste. Noëlly est à nouveau dans tous ses états. Deux agitateurs tentent encore de le lui reprendre en discutant avec elle, mais sans effet, et je propose que ceux qui se sentent vraiment concernés par « ça » s'approchent doucement, sans effrayer Noëlly, prenant bien soin du fait que c'est elle qui le porte depuis longtemps et qu'il va falloir la respecter dans cette capacité, que c'est ce qui pourra le mieux l'aider et permettre à chacun de comprendre enfin ce qui est en train de se passer. Les deux agitateurs sont là, chacun une main sur ledit coussin, et deux gardiens s'approchent, mais toutefois en gardant une distance respectable. Alors le silence revient. Les deux agitateurs semblent de plus en plus émus. « Je crois que c'est un deuil », dit le premier en fermant les yeux. Les larmes coulent pour eux deux maintenant, mais pas pour Noëlly.

« Maman » dit le second. « Mon frère, » reprend le premier. L'émotion est importante. Et ils se mettent à parler, parler, soutenus par les gardiens dans toutes leurs ressources. Ils expriment ce qui les habite, et plus ils parlent, plus Noëlly est paisible. Ils expriment leur douleur encore présente, si peu parlée, si terrible. L'un d'eux surtout :

« Le temps passe et ça serait bien qu'il passe encore plus vite. Les quelques mois qui séparent nos tragédies tous les deux me font dire que oui, chaque mois compte et nous reconstruit quelque peu malgré tout. Après l'appel de la mort, constamment, au départ, la vie fait place peu à peu à cette espèce de période d'ignominie où l'on oscille entre vie et mort, au fur et à mesure que le temps s'étire, avec chaque seconde en conscience dissociée, là et ailleurs à la fois…

Et puis ce poignard qui n'arrête pas de s'enfoncer dans le cœur. Qu'on repousse et qui revient malgré nos efforts, nos sourires et nos amours qui nous sauvent de nous-mêmes. Cette impression de vivre en double.

Et puis cette période où parfois on commence à rester unique et uniquement ici, à sourire « pour de vrai », comme ça, juste un instant. Et le remords ensuite, comme si ça allait changer quelque chose.

Je crois qu'aujourd'hui nous passons à une époque encore différente. Celle de la colère plus intense. Avec ces hauts et ces bas que l'on cache encore. Mais ce poignard qui surgit tout à coup et s'installe à n'importe quelle heure de la journée ou de la nuit pour une minute, une heure, un jour, une semaine. Sans prévenir. Et nous oblige à nous battre à nouveau, à épuiser notre énergie jusqu'au bout. Tout en étant furieux contre nous parce que ce n'est surtout pas ça qu'il aurait voulu. En acceptant la détresse, avec juste cette habitude de tristesse dissimulée aux yeux de nos proches. En acceptant de ne plus culpabiliser pour un élan de petit plaisir ; en attendant de petits bonheurs. En acceptant de ne plus le payer le lendemain en s'effondrant. En acceptant le regard des autres quand on les sent y penser et avoir mal pour nous. Parce que ça fait partie du jeu. Mais quel jeu ! Tout ça malgré notre bonne volonté de farouches petits soldats de la vie…

Alors on y arrive peu à peu, avec le temps. Une épreuve imbécile mais qu'on se doit de gagner puisqu'on a tout perdu de lui. Le seul hommage à lui rendre.

Devenir heureux. Oser le bonheur, encore plus fort. Parce qu'on se le vaut bien. Pub oblige, sourire qui revient… Et l'on sent parfois qu'on va finir par y arriver au-delà des croyances du contraire qui nous écroulent trop souvent encore. Le combat est loin d'être fini. On se demande si on y arrivera un jour.

Et pourtant. On sent des frémissements, d'abord infimes, comme la terre qui reprend vie au printemps. Il nous faut le soleil de nos amours, de nos amis, de la vie elle-même, il nous faut avoir épuisé l'eau de nos larmes et les champs reverdissent, de petites pousses nous surprennent, et puis un matin, un midi, un soir, le paysage a changé et il fait un peu doux, et ce ressenti nous surprend parce que, pour la première fois, il n'est pas accompagné d'effort. Déstabilisé, on n'accepte pas de croire à cet impossible qui s'est glissé en nous. Continuer à se laisser glisser vers le retour de la vie. Arriver à rester associé à des moments de plus en plus longs. Se battre, se battre, se battre. Se surprendre de commencer à y arriver, malgré les genoux écorchés de nos cœurs. Sentir que l'on n'est plus à terre, que l'on rampe moins, que l'on redevient furtivement des êtres debout malgré la tempête, et avancer encore et encore… »

Il va falloir s'occuper de ces deux deuils-là. Ancrages, outils du deuil, jusqu'à ce que, à la calibration, un nouvel équilibre apparaisse.

Noëlly sourit. Elle dit être bien. Tous sont regroupés à présent. Ils partagent leurs émotions, leurs désirs, leur présent.

Symptômes si utiles à tous, c'est si bon quand tous s'en servent avant qu'ils soient trop durs à porter par un seul qui se sacrifie sans le savoir… Quand tous partagent, chacun avec ses capacités, sans peur, sans trouble, ou du moins sans le trop qui fait tout basculer…

La colline va parfaire l'ensemble, avec une Noëlly radieuse qui perdra tant de kilos par la suite sans régime que c'en sera presque un scandale, ma foi !

Une Noëlly qui pourra dire, elle aussi, combien elle a été stupéfaite par la justesse des réactions de chacun pendant ce travail, quand les « vrais » de sa famille, sur quelques mois, lui auront rejoué les mêmes scènes, que, bien sûr, ils ne connaissaient pas, traînant de la même façon aux mêmes endroits, se précipitant pour faire diversion aux mêmes moments de l'histoire, puis craquant sur les mêmes problématiques à la fin, etc. !

Pendant ce temps, les autres « acteurs » échangent sur le fait que c'est tout de même assez stupéfiant, presque à chaque fois, de se retrouver dans les sculptures des autres avec cette impression d'être face à sa propre famille réagissant comme les vrais, alors qu'en fait rien de cet ordre-là n'était prévu.

Stupéfiant et quelque peu agaçant, dit Liseby en souriant, parce que, tout de même, ce ne sont pas tous des acteurs qui ont étudié sa vie pour lui monter des scénarios comme ça à chaque fois, juste histoire de la faire travailler sur elle. Alors qu'elle pensait, au départ, venir tranquillement observer un modèle, bien que prévenue de prétendus risques de ce genre dont elle, avec son expérience, tout de même, se sentait fort à l'abri ! Mais comment ça marche ???

Toujours pas de réponse. Mais revenons aux phénomènes observés de groupe à groupe.

Ils sont donc toujours extrêmement complémentaires et indispensables les uns aux autres. En résumé, le porteur de symptômes évoque métaphoriquement le problème familial. Les agitateurs entre-tiennent l'énergie nécessaire à la recherche de la résolution du problème et protègent les gardiens silencieux et distants. Ceux-ci maintiennent, développent et enrichissent les ressources du système.

En fait, chacun doit entrer dans de nouveaux apprentissages : les agitateurs, après avoir nommé leurs hypothèses, doivent apprendre à être spectateurs seulement, sans chercher à constamment intervenir. Les porteurs de symptômes doivent apprendre à parler au-delà de montrer, sans l'aide des agitateurs, à aller chercher les ressources chez les gardiens, qui, eux, doivent apprendre à nommer les ressources, valeurs, croyances, règles, dont ils sont les détenteurs officiels. Et surtout à savoir écouter les deux autres groupes, puisque leur tendance naturelle est de se mettre à l'écart.

Ils doivent également apprendre chacun à partager leur énergie, leurs spécificités, voire à les proposer à ceux qui en ont besoin parmi les deux autres groupes. Bref, c'est en fait une vraie communauté d'intérêts qui doit se créer, où les loyautés sont régulièrement revisitées.

PROCESSUS
Métaphore
Représentation subjective des affects et comportements d'un sujet dans un contexte donné. La métaphore contient toutes les ressources et limites du sujet.
Métaphore + sculpture
Représentation subjective des affects et comportements d'un sujet dans un contexte donné. La métaphore contient toutes les ressources et limites du sujet. *ET* c'est au cours de la sculpture que se produisent les modifications majeures des affects, comportements, et des relations dans le système.
Métaphore + sculpture + sous-systèmes
Représentation subjective des affects et comportements d'un sujet dans un contexte donné. La métaphore contient toutes les ressources et limites du sujet. *ET* c'est au cours de la sculpture que se produisent les modifications majeures des affects, comportements, et des relations dans le système. *ET* les sous-systèmes bien repérés, chacun connaît maintenant sa fonction et son importance dans la famille, il peut être positivement reconnu pour ce qu'il est dans ce système, et la communication s'établit autour de la recherche de solutions convenant à chacun et respectant les valeurs et l'héritage familial.

9

Le « ça »

C'est ce quelque chose d'insidieux, voire invisible au premier abord, qui constitue l'essentiel du problème de fond.

Il est transmissible.

Il est à personne et à tout le monde.

Il est aussi contenu dans une partie de chacun qui se développe ou pas en fonction des besoins du système face aux difficultés de la vie.

Il est universel.

C'est « ça » qui dérange vraiment dans les systèmes.

C'est comme « ça »...

PROCESSUS
Métaphore
Représentation subjective des affects et comportements d'un sujet dans un contexte donné. La métaphore contient toutes les ressources et limites du sujet.
Métaphore + Sculpture
Représentation subjective des affects et comportements d'un sujet dans un contexte donné. La métaphore contient toutes les ressources et limites du sujet. *ET* c'est au cours de la sculpture que se produisent les modifications majeures des affects, comportements, et des relations dans le système.
Métaphore + Sculpture + Sous-systèmes
Représentation subjective des affects et comportements d'un sujet dans un contexte donné. La métaphore contient toutes les ressources et limites du sujet. *ET* c'est au cours de la sculpture que se produisent les modifications majeures des affects, comportements, et des relations dans le système. *ET* les sous-systèmes bien repérés, chacun connaît maintenant sa fonction et son importance dans la famille, il peut être positivement reconnu pour ce qu'il est dans ce système et la communication s'établit autour de la recherche de solutions convenant à chacun et respectant les valeurs et l'héritage familial.
Métaphore + Sculpture + Sous-systèmes + ça
Représentation subjective des affects et comportements d'un sujet dans un contexte donné. La métaphore contient toutes les ressources et limites du sujet. *ET* c'est au cours de la sculpture que se produisent les modifications majeures des affects, comportements, et des relations dans le système. *ET* les sous-systèmes bien repérés, chacun connaît maintenant sa fonction et son importance dans la famille, il peut être positivement reconnu pour ce qu'il est dans ce système et la communication s'établit autour de la recherche de solutions convenant à chacun et respectant les valeurs et l'héritage familial. *ET* le ça découvert, chacun va être sollicité dans ses ressources pour créer une nouvelle dynamique de résolution de problèmes adaptée à la situation.

Voici tableau récapitulatif des fonctions, objectifs et comportements des différents rôles :

Rôles	Fonctions	Objectifs	Comportements
GARDIENS	Conserver les valeurs transmises, les comportements associés ou des équivalences logiques, et le fonctionnement familial qui a perduré depuis des générations. Pour eux, on ne change pas quelque chose qui marche.	Assurant la survie et la sécurité même si c'est dans le dysfonctionnement général, ils peuvent être dans la logique de la prise de risque minimum, et de la répétition de ce qui avait fonctionné jusqu'à présent. Ils délèguent aux agitateurs le rôle d'innovation et de recherche de développement du potentiel et des ressources. Eux, gardiens du temple, sont là pour assurer le minimum vital du système en terme de développement. Ils conservent tout ce qui a existé comme ressources dans la famille sur des générations, parfois même si ça n'est pas d'actualité, ou si ça n'est plus adapté au contexte. Maître mot : la survie. Mais parfois sans rien changer, et, s'ils avancent sans que le problème soit réglé, ils peuvent se rigidifier, et se mettre à considérer que le changement est dangereux en soi	Ils dupliquent ce qu'on leur a appris en l'adaptant de façon plus ou moins heureuse aux contextes actuels. Ils ont d'excellentes fonctions «magnétophone» et sont capables de redonner fidèlement ce qu'ils ont appris. Leurs symptômes, la culpabilité (car ils sont ceux que le système a choisis pour «réussir»), la rigidité, les tendances à l'égoïsme. Leurs qualités: ce sont des bâtisseurs, respectueux des traditions et consciencieux, ils sont construits pour entreprendre dans le sens de ce qu'on leur a appris, pour développer les ressources acquises, et pour veiller à leur utilisation. Ils sont là pour transmettre, donner du cadre.

Rôles	Fonctions	Objectifs	Comportements
AGITATEURS	Attirer l'attention sur le symptôme, dans l'espoir de traiter le problème qu'ils pressentent dans la famille.	Ils sont là pour communiquer, expliquer, penser, chercher à comprendre grâce à ce que les antennes leur montrent.	Ce sont des chercheurs, qui se posent constamment mille questions sur la vie, le pourquoi des choses, les avancées en tous domaines. Ils sont spontanément entourés de personnes qui leur demandent conseil, sollicitent leur aide. Leurs qualités : l'attention aux autres, l'altruisme, la curiosité, l'envie d'aller de l'avant.Leurs défauts : ils s'oublient vite, s'épuisent à aider les autres, ont tendance à rêver plus qu'à construire.
ANTENNES	Ils montrent métaphoriquement le problème de fond du système à travers leur symptôme, qu'ils amplifient à chaque risque de changement. Ils sont nécessaires à l'équilibre ou à l'homéostasie des systèmes.	Ils ressentent intensément les émotions présentes, sans toutefois pouvoir les expliquer. Ils ressentent au point de capter dans leur corps ce qui se passe autour d'eux.	Ils ont un cerveau droit très développé et sont parfois capables d'envoûter leur entourage par un charisme étonnant. Ils savent fabriquer, créer, montrer, mais sans expliquer. Ce qui importe c'est l'ici et maintenant, dans le corps et l'esprit. Leurs qualités : le charisme, l'empathie, l'introspection, le don de soi. Souvent artistes. Leurs défauts : centrés sur eux, négatifs quant aux chances d'évolutions des systèmes.

10

Le tri et la colline aux aïeux

La colline aux aïeux s'exploite pour tout ce qui concerne le tri dans l'héritage familial. C'est un outil formidable faisant appel à la métaphore de base qui a déjà été travaillée avec la personne, et aux transmissions générationnelles des ressources et non des limites. C'est accepter de laisser à chacun sa part de problèmes, sans les intégrer ni chercher à les résoudre consciemment ou inconsciemment, sans les transmettre soi-même, et en pleine lucidité. C'est accepter de recevoir le meilleur de chacun, le meilleur de la personne, de son histoire, de ses ressources et de ses désirs, dans les limites de ce qui fait du bien, structure, construit, projette vers ses propres désirs et projets. C'est accepter l'appartenance qui relie sans danger. C'est l'apprentissage de la « protection tranquille » dans la relation, dans l'amour de soi et des autres.

C'est le moment où le tri commence à s'effectuer.

L'exemple d'Anuradha dans ses ressentis personnels est très intéressant. Voici ce qu'elle en dit :

« Au moment où l'on sort du rôle, il se passe quelque chose en lien avec l'énergie. C'est-à-dire que c'est comme si l'on avait débloqué une énergie qui ne qui ne nous appartient pas. Dès que l'acteur principal s'arrête parce qu'il y a enfin équilibre, il y a tout à coup comme une espèce de prise de conscience que ce n'est pas son énergie personnelle, et on "bascule" en soi et on s'aperçoit que l'on est très fatigué, mais momentanément seulement. Or c'est là que quelque chose se fait qui est comme un tri entre ce qui est à l'autre et ce qui est en lien avec soi et va nous servir dans la vie. C'est plus ou moins conscient. A ce moment-là on recommence à penser en tant que la personne que l'on est, on sent vaguement que ça fait du tri en soi aussi, par exemple en haut de la poitrine, comme si c'était au début composé de plein de petits morceaux, et petit à petit ça fait comme un puzzle qui se met en place tout seul, et ça passe par la tête autant que par les sensations. C'est à la fois comme si c'était l'autre dans le rôle, et qu'il laisse des petits morceaux utiles, et en même temps soi, qui décidait consciemment d'en garder. Le tout étant en accord. Comme un échange de bons procédés, la mission de chacun étant accomplie.

Comment on le sait ? Parce qu'au moment où ça se produit, ce qui était lourd à l'intérieur devient tout léger. Avant cela c'était pesant, et tout à coup ça ne l'est plus. De même on sent quand ça n'est pas fini. Il n'y a pas encore de paix intérieure. Il n'y a pas encore de tri possible. Et c'est comme si "l'âme" de la personne ne lâchait pas tant que ça n'est pas fini. Et quand ça se termine enfin, on sent nettement que ça lâche, que ça y est, c'est fini, quelque chose s'est passé. Et c'est juste là que l'on sent que l'énergie de la personne dont on joue le rôle part et qu'on redevient soi-même, avec son énergie propre, ses pensées propres, et le tri commence à s'opérer tout seul.

On comprend alors ce qui va pouvoir se mettre en place dans sa vie, ce qu'on vient d'apprendre, d'enregistrer bon pour soi. Les pensées arrivent toutes seules et très vite. Le lien se fait tout seul aussi. Ça passe par le raisonnement avec la croyance très forte que c'est le moment d'en profiter et d'intégrer. Le raisonnement et les sensations qui arrivent très vite aussi.

Là c'est redevenu entièrement moi. Et je suis sûre que ça a rendu service à ceux qui m'entourent dans cette histoire-là. Mais je suis redevenue moi totalement et c'est en tant que moi que je raisonne ainsi, et c'est très différent comme ressenti par rapport à quand je raisonnais en tant que l'autre personne dont je jouais le rôle parce que je n'y suis plus du tout. Le relais a été passé. C'est moi qui pense. "L'âme" m'a lâchée avec un relais : il va falloir finir le boulot qu'elle n'a pas pu faire réellement, et c'est très fort dans la perception ainsi que dans l'obligation sensorielle de tenir compte de l'équilibre du système. Rien ne peut s'arrêter tant que le système n'est pas dans son écologie.

Mais en même temps il y a le système dont je fais partie et le mien qui est sous-jacent. Les deux se superposent constamment, m'obligeant à faire des allers-retours permanents entre mon histoire et celle à laquelle j'appartiens momentanément. Et il y a aussi a priori le système qu'on a créé avec ce groupe particulier, ces gens qui sont venus dans ce stage et qu'on a rencontrés avec l'énergie du groupe proprement dit. Et puis, en y repensant, si c'est la même chose pour tout le monde, s'il y a dix personnes, il y a dix histoires, plus celles du groupe, et même sûrement plus encore. Impossible de tout contrôler, et c'est même sans intérêt pour chacun. Simplement c'est troublant d'en prendre conscience… Puis vient l'étape du tri. Puis vient la réappropriation et la futurisation des ressources acquises grâce à ce rôle. Et c'est le travail de la colline qui le permet. »

Ce travail s'inclut particulièrement bien en fin de sculpture, lorsque l'essentiel des recadrages a été posé, et que la personne a pu vérifier ce qui existait dans son système. Alors elle se présente face au couple de ses parents, leur donne une main à chacun, ferme les yeux de préférence, puis retrouve sa métaphore.

Ensuite elle recule de façon imaginaire sur la ligne du temps, tandis que le thérapeute a ancré les ressources acquises, pour revenir à un moment avant l'apparition de ses ennuis ou traumatismes. Enfin elle effectue le chemin du passé au présent, jusqu'à se retrouver à nouveau face à ses parents.

Imaginez-vous maintenant une colline. Cette colline est très spéciale, elle est symbolique, elle vient du passé, et elle contient tout votre patrimoine, votre héritage familial, et sur au moins deux ou trois générations vos ascendants personnels y sont installés par étages : vos parents, vos grands-parents, vos arrières grands-parents, etc.

Maintenant imaginez-vous au pied de cette colline. Votre métaphore est là, entre vos parents et vous, comme un paquet quelque peu encombrant.

Imaginez…

Imaginez que vous commencez à gravir cette colline à votre façon jusqu'à ce que vous soyez face au couple de vos parents, puis déposez une partie du paquet à leurs pieds, (quitte à le découper carrément en morceaux, ou à le scinder de la façon qui vous semblera la mieux adaptée) jusqu'à ce que vous vérifiiez que chacun se la soit bien réappropriée.

Allez jusqu'au sommet de la colline, en faisant de même avec chaque personne à chaque étage. Plus vous gravissez cette colline, plus les personnages sont inconnus, plus les formes sont indistinctes, jusqu'à ce que vous ne croisiez plus que de vagues silhouettes furtives, qui pourtant se présentent à vous et récupèrent l'une après l'autre un morceau qui leur appartient. Jusqu'au moment où tout devient très flou, et où vous vous autorisez à jeter tout autour de vous ce qui reste, peut-être simplement des miettes, de la poussière, en tout cas quelque chose qui ne vous appartenait pas et que vous laissez aux vrais propriétaires...

Lorsque vous êtes arrivé au sommet de cette colline, regardez bien ce qui se passe : c'est comme si tout le monde s'agitait pour vous. Vous prenez soudain conscience que chacun est en train de trier le meilleur de lui pour vous l'offrir tout à l'heure, lorsque vous redescendrez cette colline. Prenez plaisir à les voir faire cela pour vous. Et lorsque vous vous apercevrez que c'est le moment, vous déciderez de redescendre vers le présent qui vous attend tout en bas.

Alors redescendez la colline tout doucement, et commencez à recevoir de toutes petites choses très agréables, qui se présentent peut-être à vous sous forme de petites étincelles de lumière, de douces mélodies ou de sensations diverses très agréables. Laissez faire ces phénomènes et emplissez-vous de tout ce qui est bon à prendre ainsi, comme si c'était le cadeau de vie auquel vous aviez droit depuis toujours sans forcément le savoir. Emplissez-vous encore et encore, jusqu'au plus profond de vous-même, et vérifiez combien cette douce accumulation est extraordinaire à vivre et à intégrer en soi. Et ce jusqu'à ce que vous arriviez devant ceux que vous reconnaissez, les grands-parents peut-être, puis vos parents, de qui vous recevez aussi ce qu'il y a de bon à accueillir, tout en étant pleinement conscient que c'est grâce à eux, à travers eux, que vous recevez tout cela... Et acceptez-le pleinement.

Maintenant que vous êtes au pied de la colline, prenez ce chemin lumineux et peut-être plein de couleurs qui se trouve devant vous : vous partez ainsi vers votre avenir, en prenant soin de vous arrêter chaque fois que nécessaire pour utiliser ces ressources-là, cette richesse-là que vous avez ramenées au cours de votre voyage sur la colline, et cela autant pour renforcer les moments de vie agréables que pour traverser les plus durs. Vous allez ainsi aussi loin que vous en avez envie, loin là-bas, et tout à coup vous vous apercevez que là, tout au bout, un vieux sage vous attend. Regardez-le bien. C'est vous, avec quelques rides en plus, et une évidence de sagesse dans le regard. Il vous attend depuis toujours, avec patience et amour, car il a un message de vie d'une infinie importance pour vous. Ecoutez-le maintenant. Et lorsque vous avez reçu ce message, faites-moi un signe de la tête. Puis remerciez-le profondément, du fond de votre cœur, et promettez-lui de vous servir de ce message chaque instant de votre vie, consciemment ou inconsciemment. Promettez-lui également de le reconnaître un jour dans la glace, et de le saluer ce jour-là en toute conscience, avec un air complice par rapport à cette rencontre d'aujourd'hui. Puis saluez-le, comme on salue un ami très cher, et quittez-le maintenant pour revenir vers le présent en prenant bien soin de vérifier que c'était si bien à l'aller, ces étapes avec ces ressources, ces ressources que vous ramenez avec vous au présent et dont vous pourrez vous servir à chaque fois que vous en aurez besoin à l'avenir. Et rouvrez les yeux maintenant, dès que vous vous sentez prêt...

Vérifiez maintenant ce qu'est devenue votre métaphore : qu'êtes-vous maintenant, quelles transformations, quelle apparence nouvelle, qu'est-ce que vous en ressentez ?

Prenez plaisir à retrouver ceux qui vous entourent, à la fois eux-mêmes et les personnages de votre histoire, prenez le temps nécessaire pour recontacter chacun dans son unicité et ses ressources, puis, quand ce sera bien pour vous, alors donnez un signal pour que l'on puisse s'installer en rond et que chacun vous redonne son vécu, afin d'enrichir encore cette expérience en accueillant ces informations de la façon la plus neutre possible, juste pour voir si, plus tard, avec les membres de votre famille, cela peut avoir ou non du sens pour eux comme pour vous...

Le travail prendra momentanément fin ainsi, l'expérience ayant duré environ une heure et demie au total.

Revenons à Salim. Rappelons-nous sa sculpture et ce moment précis où je suis à l'aube d'assister au spectacle le plus émouvant de toutes mes collines passées. Au moment où Salim entre en phase de transe hypnotique, il se produit une chose étonnante. Nous sommes à Maurice, il y a aussi des musulmans, des mosquées. Et c'est à ce moment précis que retentit l'appel du muezzin. Et c'est à ce moment précis que le soleil, qui avait momentanément disparu, réapparaît de derrière les nuages, inondant le visage de Salim d'une lumière extraordinaire. Je connais ses convictions religieuses. Alors je lui propose, tout doucement sous hypnose, d'intégrer ces données-là, cette lumière, ces paroles d'Allah à son chemin sur la colline. Il n'en est pas vraiment conscient d'ailleurs mais acquiesce de la tête. Il avance sur son chemin ainsi, et vit une telle émotion intérieure en rencontrant le vieux sage du haut de la colline que tout à coup, son visage tourné vers le ciel et le soleil, se couvre de larmes de bonheur. Il m'offre ainsi une émotion partagée par tous ceux qui sont présents. Salim est beau à cet instant d'une beauté intérieure que personne n'a jamais vue ainsi parmi nous, et nous sommes tout à coup unis avec lui dans une espèce de grâce qui me fait, à moi aussi, monter les larmes aux yeux.

Qui a dit hasard ?

L'on revient ensuite sur toutes les métaphores pour en vérifier les évolutions, puis sur les messages des vieux sages. Que se passe-t-il alors du côté de Maurice ?

Tous ont finalement été très étonnés de leur propres réactions, ne s'imaginant pas avoir tout cela en eux, et cette capacité surtout de lâcher prise. Là où ils avaient tendance à en parler comme de simples jeux de rôles au départ, leur regard a bien changé. Ils ont maintenant conscience de l'importance des systèmes sur leur vie. Conscience aussi des pièges dans lesquels ils peuvent encore tomber bien sûr, mais certains de les voir tôt ou tard avant que des dégâts s'installent. Ils parlent beaucoup entre eux de la façon dont ils ont vécu chaque « rôle » « avec leurs tripes », comme si c'était dans la vraie vie. Surpris aussi de la facilité avec laquelle ils adhéraient aux personnages qu'on leur proposait, ayant été jusqu'à vérifier que quand ils ne sentaient rien, c'est que le personnage dont ils jouaient le rôle ne sentait rien non plus. Et que dire de tous ces moments où certains ont été jusqu'à capter des maux physiques ne leur appartenant pas ? Alexandra, cette étonnante « antenne », se retrouvant pliée en deux en jouant le rôle de cette grand-mère qui s'était cassée une côte au moment où se jouait dans la réalité la scène qui se déroulait sous ses yeux. Tout cela sans que les informations en aient été transmises auparavant. Joëlle tombant par terre parce qu'elle jouait le rôle d'un petit garçon qui venait de se casser une jambe au foot. Alain pris d'un mal au ventre violent alors que sa femme, dans le rôle, venait de le quitter, comme le « vrai » personnage qui s'était retrouvé avec une appendicite le lendemain du départ de sa femme. Liseby, épuisée en deux secondes sans comprendre ce qui lui arrivait au moment où se posait une sculpture. Oui, mais étant une grand-mère de 97 ans, ça pouvait se comprendre ! Chacun, étonnamment, retrouvant son équilibre et son corps intact dès que celui qui savait à quoi ça correspondait lui disait ce dont il s'agissait, comme par miracle. Etonnement sans fin à ce sujet. Mais comment ça marche ?

Revenons à ce moment où chacun dit la transformation de sa métaphore d'origine et le message de son vieux sage.

Salim nous a déjà dit que son aigle était libéré et prêt à s'envoler, son message est : « Le ciel est plus beau encore que la terre ». Noëlly sent aujourd'hui qu'elle a rejoint son troupeau et que rien ne la fera plus se laisser manger la laine sur le dos (!). Son message est : « Ta laine fera de beaux manteaux que tu pourras enlever à ta guise ». Michel annonce qu'il a baissé les armes et que, sans armure, la vie est plus légère, et son message est : « Combats pour moi et nous serons heureux ensemble dès maintenant ». Liseby est devenue un paysage dont la tornade est au loin, mais cela demandera des efforts pour qu'elle ne revienne pas, et son message est : « Laisse-toi faire dorénavant » (et cela la fait beaucoup rire). Stéphane a rejoint sa meute et attend ses petits, son message étant : « Tu es fait pour être père », ce qui lui a amené des larmes de joie. Alexandra a trouvé un chemin débouchant sur la lumière est son message est : « La vie est belle ». Patrick n'est plus un bateau, il n'y a plus de tempête, il est devenu un ballon de baudruche qui se laisse porter par le vent avec délice, et son message est : « Vis pour toi ». Monika a cessé de courir, son message est : « Doucement ». Joëlle est devenue une poupée unique et vivante, avec le message : « Parle maintenant ou tais-toi à jamais ». Et elle parle, parle, parle, sans cesse en effet ! Alain a vu fuser des couleurs sur son tableau et préfère garder son message pour lui, tout en disant qu'il le comble de bonheur. Michelle a grandi d'un coup, passant de naine à personne ordinaire, avec le message « Redeviens petite quand ça te chante, mais n'oublie plus que tu es grande aussi ». Et Anuradha, la créatrice de monde, a passé le relais à « qui de droit », dit-elle, mais plus elle en tout cas, et son message est : « Elle tourne sans moi ».

Et là, comme ça, pour le plaisir, c'est Joëlle qui se tourne vers moi et me dit : « Et toi, alors, tu ne serais pas une agitatrice de bocal patentée ? C'est ça, le rôle du psy ? ».

Nouvel éclat de rire. Je veux bien, moi, être une agitatrice de bocal, parce que, finalement, j'aime ce qui existe dans ces bocaux-là...

Et il est intéressant donc de vérifier combien chacun, à chaque instant, a eu l'opportunité, à travers les intersections d'histoires et les écologies revisitées, d'un changement personnel. En fait, tout le monde a travaillé tout le temps, évolué tout le temps, et ceci plusieurs jours de suite, pour en arriver à cette nouvelle image de lui, acceptée profondément et le remplissant d'un plaisir évident.

Bien sûr, le cheminement va devoir continuer. Lorsqu'on travaille sur soi, on est responsable de ce que l'on voit surgir, parfois, du meilleur de soi. Responsable, d'abord, de s'en souvenir, puis de continuer à le faire vivre. Responsable de s'en servir chaque instant de sa vie, responsable de le transmettre aussi. Aucun stage n'est miraculeux. Le potentiel de chacun est juste mis en avant. Tout ce qui était dissimulé de soi est découvert, tous nos possibles, toutes nos beautés. Ainsi que les potentiels et les beautés de nos systèmes respectifs. C'est peut-être cela, le joker au poker, celui qui regarde le monde à l'envers pour aller puiser dans ce qui ne se voit pas de nos ressources. Alors, visiter son propre monde en le regardant à l'envers, c'est peut-être aussi, ça, une preuve d'amour pour notre système, même quand on n'y croit plus, même quand on est fatigué de la vie, même quand les croyances négatives nous ont envahis et ont abîmé notre énergie vitale. Découvrir qu'on a le droit de changer les images, de soi et des autres, et qu'un regard suffit, mais pas n'importe quel regard. Juste celui du joker...

PROCESSUS
Métaphore
Représentation subjective des affects et comportements d'un sujet dans un contexte donné. La métaphore contient toutes les ressources et limites du sujet.
Métaphore + Sculpture
Représentation subjective des affects et comportements d'un sujet dans un contexte donné. La métaphore contient toutes les ressources et limites du sujet. *ET* c'est au cours de la sculpture que se produisent les modifications majeures des affects, comportements, et des relations dans le système.
Métaphore + Sculpture + Sous-systèmes
Représentation subjective des affects et comportements d'un sujet dans un contexte donné. La métaphore contient toutes les ressources et limites du sujet. *ET* c'est au cours de la sculpture que se produisent les modifications majeures des affects, comportements, et des relations dans le système. *ET* les sous-systèmes bien repérés, chacun connaît maintenant sa fonction et son importance dans la famille, il peut être positivement reconnu pour ce qu'il est dans ce système et la communication s'établit autour de la recherche de solutions convenant à chacun et respectant les valeurs et l'héritage familial.
Métaphore + sculpture + sous-systèmes + ça
Représentation subjective des affects et comportements d'un sujet dans un contexte donné. La métaphore contient toutes les ressources et limites du sujet. *ET* c'est au cours de la sculpture que se produisent les modifications majeures des affects, comportements, et des relations dans le système. *ET* les sous-systèmes bien repérés, chacun connaît maintenant sa fonction et son importance dans la famille, il peut être positivement reconnu pour ce qu'il est dans ce système et la communication s'établit autour de la recherche de solutions convenant à chacun et respectant les valeurs et l'héritage familial. *ET* le ça découvert, chacun va être sollicité dans ses ressources pour créer une nouvelle dynamique de résolution de problèmes adaptée à la situation.
Métaphore + sculpture + sous-systèmes + ça + travail sur la séparation
Représentation subjective des affects et comportements d'un sujet dans un contexte donné. La métaphore contient toutes les ressources et limites du sujet. *ET* c'est au cours de la sculpture que se produisent les modifications majeures des affects, comportements, et des relations dans le système. *ET* les sous-systèmes bien repérés, chacun connaît maintenant sa fonction et son importance dans la famille, il peut être positivement reconnu pour ce qu'il est dans ce système et la communication s'établit autour de la recherche de solutions convenant à chacun et respectant les valeurs et l'héritage familial. *ET* le ça découvert, chacun va être sollicité dans ses ressources pour créer une nouvelle dynamique de résolution de problèmes adaptée à la situation. *ET* le travail de la séparation abouti, la famille s'installe alors dans un nouveau cycle de vie où les processus d'individuation avec toutes les ressources, ainsi que l'accueil du nouveau système travaillé seront enfin possibles au-delà des résistances d'autrefois.

11

Fin mais Début

Merci Alexandra, Stéphane, Michel, Liseby, Anuradha, Noëlly, Alain, Hélène, Salim, Patrick, Monika, Joëlle, et Michelle… Inoubliables moments de Flic-en-Flac à Gris-Gris, d'émotions multiples entre changements et fous rires, dans le toujours plus de nos vies que nous pouvons rendre si belles, à l'instar de ces couchers de soleil sur le lagon si beaux, si bons, si apaisants, et qui ne font qu'annoncer les levers de soleil si beaux, si bons, si tonifiants…

Alors l'avion s'est envolé à nouveau ; Liseby et Anuradha sont restées dans la douceur de leur île. Nous sommes désormais tous liés par cette aventure dans l'intime et la beauté de tous les possibles de chacun. Et dans ce ciel au-dessus de tout nuage, je me dis que c'est cela, ce travail, voler vers le meilleur de soi, avec l'héritage de ceux à qui nous sommes liés pour toujours et qui sont toujours plus haut, toujours plus loin, cet héritage dont on est à jamais responsable de faire ce que l'on doit en faire de bon et de bien, lorsque l'on atterrira, plus loin, là-bas, chacun chez soi…

Et pour finir, merci à une Sylvie croisée dans mon cabinet, étonnante de clarté, et résumant ainsi le chemin thérapeutique :

J'ai repris la route, sans savoir où j'allais…
Ce chemin était droit, mais pénible, beaucoup de montées
En ralentissaient la marche, mais lorsque j'arrivais en haut de
la côte, je me sentais grandie.

109

Je prenais conscience de mon Etre grandissant, dans
Cet univers grandiose, et je me sentis toute petite face
A l'immensité de mes rêves d'enfant.
Grandir à proportion de mes rêves, voilà quelle était
Ma mission d'homme libre.

Soudain, mon attention fut attirée par un tout petit enfant.
Il se tenait là, debout, dans un passé présent en voie
de devenir.

Il avait, dans le creux de ses mains jointes, une myriade
De fleurs odorantes qui se déversait en continuité à ses pieds.
L'étonnant est que le contenu était sans cesse renouvelé, et je ne
Compris pas tout de suite par quel miracle.

Je m'agenouillais et buvais ces parfums, qui m'étaient si
Généreusement offerts...
Alors je perçus qu'il s'agissait d'un Bébé Lumière.
La source était en lui et abreuvait d'amour tout Être qui
le respirait.

Des vibrations d'une douce intensité parcoururent mon corps,
Je me mis à pleurer.
Une petite main se posa dans la mienne, et le Bébé Lumière murmura :
« Maintenant que l'eau de la re-connaissance a jailli, tu ne
seras plus jamais seule. Poursuis ton chemin, partage ce parfum
qui maintenant coule en toi, car si tu le gardes, tes fleurs périront ».
Puis, il fit silence...

Son beau visage d'enfant Dieu était tourné vers le ciel,
Je compris qu'il priait.
Je m'apprêtais à partir, quand il ajouta :
« Je t'aime »...

Ce mot ambigu prenait dans sa bouche un sens tout particulier,
Il signifiait :
Je te veux libre.
Et je réalisai à quel point le chemin à parcourir était
encore long pour moi.

Mais je savais maintenant, que mes pas allaient dans le sens de la Vie.
Je devais continuer car le Rêve vivait en moi, et qu'il fallait
D'ores et déjà, partager ce qu'il m'avait appris.

Lexique

Ancrage ou ancre : PNL

Stimulus interne ou externe relié à un état interne ou un comportement (par l'intermédiaire d'un état interne). A chaque fois que le stimulus se produit, il génère la même réaction.

Calibration : PNL et Systémie

Observation fine d'un interlocuteur.

Écologie : PNL et Systémie

Plusieurs équilibres sont nécessaires à un individu. L'écologie est la recherche et la préservation de ces équilibres fondamentaux

État interne : PNL

Ce qui est ressenti à un instant donné.

Futurisation, pont vers le futur : PNL

Technique permettant de se projeter mentalement dans le futur avec des objectifs stratégiques bien définis.

Génogramme : Systémie

Sur la base d'un arbre généalogique, outil systémique permettant un travail transgénérationnel.

Homéostasie : Systémie

Terme de Walter B. Cannon signifiant la capacité qu'a un organisme vivant de maintenir dans un état stable certaines de ses variables internes malgré les variations du milieu extérieur. Utilisé en systémie pour exprimer les mouvements spontanés d'un système vers son équilibre originel.

Isomorphisme : Systémie
Analogie de formes entre différents systèmes.

Métaphore : PNL et Systémie
Communication de type analogique donc imagée qui met en parallèle deux choses indépendantes que l'on souhaite mettre en relation de façon plus ou moins visible.

Sub-modalités ou sous-modalités : PNL
Ce qui caractérise ou module les modalités : lumière, formes, couleurs, qualités des bruits, perceptions externes... La PNL utilise les sous-modalités pour modifier la structure de certaines expériences.

VAKO : PNL
Nos cinq sens sont représentés par les lettres: VAKO
V pour visuel - A pour auditif - K pour kinesthésique - O pour olfactif et incluant le gustatif.

www.ingramcontent.com/pod-product-compliance
Lightning Source LLC
Chambersburg PA
CBHW052035270326
41931CB00012B/2504